의정활동기

현장 경험과 전문성을 갖춘

의정활동기

맹진영 · 이용욱 · 윤유현 · 제갑섭 · 문규주 지음

모아북스
MOABOOKS

현장 중심의 생활 정치인이 직접 집필한 의정활동기

이 책의 내용

우리 정치에서 지방자치가 중단된 세월이 30년, 그 중단된 지방자치가 부활하여 다시 실시된 지 30년이 되었다. 해방 후 대한민국 정부 수립과 함께 제헌헌법에 명시된 지방자치는 1949년 8월 15일 '지방자치법' 이 공포됨으로써 본격적으로 시작되었다. 그러다가 1961년 전국 지방의회가 해산되고 지방자치가 폐기되었다. 이후 지방자치의 전통이 한 세대가 지나도록 끊기면서 그 시기에 성장한 세대는 지방자치에 대한 개념이나 인식이 빈약한 상태에서 부활한 지방자치를 주도적으로 담당해야 할 나이가 되어 버렸다.

지방자치가 부활한 초기에는 시행착오도 많았고, 여전히 중앙정부의 구속이나 간섭에서 자유롭지 못했다. 그러나 30년의 경험을 다시 축적하면서 자리를 잡아가고 나아지면서 지자체를 중심으로 한 지방자치의 의사결정 과정에 주민 참여의 폭을 확대해감으로써 주민자치로 진화하고 있는 중이다. 지방자치가 가진 본래의 뜻에 가까워지고 있긴 하지만, 많은 과제와 문제점이 쌓여 있어 아직 갈 길이 멀다.

이런 가운데 기초지방의회에서 풀뿌리 민주주의 정착과 발전을 위해 열정을 불사르고 있는 전·현직 의원들이 공동으로 '지방의회 의정활동의 모든 것'에 관한 책을 펴냈다. 이 책은 특히 지방정치에 참여하고자 하는 정치 지망생이나 초선의원을 위한 길잡이로 쓰인 것인데, 현역 의원도 의정활동에 참고하기에 손색이 없는 구성과 내용을 갖추고 있다.

그간 우리의 관심은 지나치게 중앙정치에만 쏠려왔지만, 사실 명실상부한 민주주의를 구현하기 위해서는 지방자치가 더 중요하다고 볼 수 있다. 지방자치는 민주주의와 긴밀한 관계에 있기 때문이다. 지방자치가 다음과 같은 정치적 기능을 수행하는 것에 비춰보면 알 수 있는 일이다.

첫째, 지방자치는 독재정치에 대한 방어기능, 즉 지역의 민주화를 통하여 국정의 민주화를 실현하는 기능을 한다. **또, 지방분권을 기초로 국민의 자유와 권리를 보장하고 참여를 실현시켜 권력을 분산시킨다.**

둘째, 지역 내의 사무를 자주적으로 결정하여 처리하므로 주민 의사의 우월적 가치, 행위의 자기 책임성과 결정성, 기관의 선거 등 민주주의의 본질적 내용을 실현하는 기능을 한다.

셋째, 민주주의의 학교 · 훈련장으로 기능한다. **지방자치는 주민의 민주적 사고방식을 키워주고 공공과 자유의 정신을 함양한다.**

풀뿌리는 식물이 성장하는 원천으로, 생명이 시작되는 점이다. 지방자치를 풀뿌리 민주주의에 비유하는 것은 지방자치가 국가 발전에 없어서는 안 될 중요한 뿌리에 해당하기 때문이다. 그런데도 중앙정치에 비해 지방정치에 관한 일반의 관심이 현저히 낮은데다가 그에 관련한 자료나 서적도 크게 부족한 현실이다.

이제 정치도 예전과는 비할 바 없이 고도로 전문화되지 않고서는 시대의 변화를 감당할 수 없게 되었다. 그건 지방정치도 마찬가지지만, 아무래도 중앙정치에 비하면 전문성이 다소 떨어진다는 사실을 부인하기는 어려울 것이다. 앞에서도 언급했지만, 그래서 지방자치를 선도해온 전 · 현직 의원들이 지방정치의 전문성을 높이고자 이 책을 쓰게 되었다.

아무쪼록 이 책이 지방정치와 지방자치 그리고 주민자치에 몸담은 정치인 및 정치 지망생 그리고 정치에 관심을 가진 독자들의 유용한 길잡이가 되기 바란다.

저자들을 대신하여 맹진영

본문은 5장으로 구성

맹진영 전 서울시의원이 쓴 〈1장 : 정치, 알아야 잘할 수 있다〉에서는 지방선거 출마에 필요한 사항, 선거 전략 및 홍보 방법을 다루고 있다. 출마 연설문 작성하기, 메시지 설정하기, 명함 활용하기, 선거 전략 짜기, 선거법 숙지하기, 선거비용 문제 해결하기, 조직을 결성과 운영 노하우, 홍보 노하우, 차별성 있는 홍보, 지방선거 SNS 홍보 전략 등은 구체적인 팁이다.

이용욱 파주시의원이 쓴 〈2장 : 생활정치는 지방자치의 시작과 완성〉에서는 구호를 실생활에서 실천하는 정치, 여성의 성장과 미래세대의 교육, 여성의 정치와 여성을 위한 정치, 정치인, 공인으로서 태도와 마음가짐, 민주주의의 근간으로서 지방자치, 진정한 지방분권 시대를 위하여, 지방자치는 민주주의의 뿌리이자 꽃이라는 내용을 다룸으로써 지방자치에서 취약한 부분을 지적하고, 지방자치의 내실을 다질 수 있는 방안을 제시하고 있다.

 윤유현 서대문구의원이 쓴 〈3장 : 완장의 정치 vs. 머슴의 정치〉에서는
주민을 대하는 정치와 정치인의 태도가 어떠해야 하는가를 다루고 있다.
윤 의원은 '어느 날 내게로 온 정치'에 대해 쓰면서, 정치의 본질과 정치인
은 무엇으로 살아야 하는가에 대한 질문을 던지고 자신의 공부와 경험을
통해 답을 내놓는다. 네 가지 질문과 발로 뛰는 정치, 왜 '청년 도시'인가,
'완장의 정치'는 시대착오적인 유물과 같은 질문과 주제가 그런 것이다.
그리고 끝으로 지방의회와 의원이 수행해야 하는 핵심 역할인 조례안을
포함한 의안 제정과 의안 심사에 관하여 상세히 풀어주고 있다.

 제갑섭 강동구의원이 쓴 〈4장 : 오전에는 민원, 오후에는 현장!〉에서는
봉사하는 정치, 발로 뛰는 정치가 무엇인지 자신의 체험을 통해 생생하
게 보여주고 있다. 봉사활동이 선물한 정치, 나의 정치는 봉사활동의 연
장, 생활정치의 실천, 잘 듣는 정치, 발로 뛰는 정치, 주민이 부르면 언제
든 달려가는 친구, 주민을 위한 적극 · 긍정 정치, 오전엔 민원 오후엔 현
장, 소통의 정치, 여민의 정신으로, 미래 일자리 창출, 미래를 준비하는
교육, 생각을 실천에 옮기는 교육 같은 주제들이 구체적인 팁이다. 또 끝
으로 의회의 가장 중요한 기능 중 하나인 지방의원의 예산 · 결산 심사에

관한 노하우를 풀어주고 있다.

문규주 은평구의원이 쓴 〈5장 : 이제는 혁신정치 4.0으로〉에서는 우리 정치의 미래를 다루고 있다. 사회 모든 분야에서 정치가 제일 뒤졌다는 오명에서 벗어나려면 최소한 4차 산업혁명에 발맞추어 나갈 정도는 되어야 하며, 나아가 그보다 정치가 한 발짝 앞서 사회 전반을 선도할 수 있다면 더 바랄 것이 없을 것이다. 그래서 문 의원은 여기서 '혁신정치' 와 '정치혁신' 에 관해 집중하여 다루고 있다. 정치란 무엇인가에서 시작하여 청년들의 정치참여, 지역주의와 정치, 선거제도의 개혁 등을 다루면서 스웨덴의 혁신정치를 모델로 제시하고 있다. 그리고 4차 산업혁명의 미래를 내다보면서 우리 정치가 나아갈 방향을 제시한다.

차례

1장

정치, 알아야 잘할 수 있다

2장

생활정치는 지방자치의 시작과 완성

3장

완장의 정치 vs 머슴의 정치

5장

이제는 혁신정치 4.0으로

맹진영(전 서울시의원)

mjytop@hanmail.net

현) 서울 동대문구 구정연구단 단장

전) 제9대 서울시의원

전) 서울시 기획경제위원회 부위원장

전) 서울시립대학교 운영위원회 위원

전) 서울특별시 경제민주화위원회 위원

• 서울시 결산검사 위원회 대표위원

• 서울시의회 운영위, 예결위 위원

• 안규백 국회의원 비서관

• 월드리서치 연구원

정치, 알아야
잘할 수 있다

01 정치는 희망이다

1) 출마하지 않으면 당선도 없다

"다르게 생각하라!"

스티브 잡스는 1997년 애플에 복귀하면서 맨 먼저 애플 브랜드를 세상에 각인시킬 광고를 제작했는데, 그때 내놓은 콘셉트다. 다르게 생각한다는 것은 곧 새로운 길을 간다는 것이다. 잡스는 이와 관련하여 인상적인 연설을 남겼다.

"아무도 걷지 않는 길을 가라. 애초부터 삶이란 수학 공식처럼 딱 맞아떨어지지 않는다. 자신을 믿고 남이 가보지 않은 길을 새롭게 개척하는 도전정신이 필요하다."

인생의 중요한 갈림길에서 남이 이런저런 조언은 하겠지만, 최종 선택은 결국 자기 혼자 감당해야 할 몫이다. 어떤 의사결정 과정을 거치든 마지막에 가서는 스스로 '선택' 할 것과 '포기' 할 것을 결정하여 선택에 집중해야 한다. 스티브 잡스도 오랜 시행착오 끝에 자신의 결단으로 애플을 세계 최고 기업으로 일구고, 또 이끌었다.

우리는 인생에서 수없이 도전에 직면하고, 또 도전한다. 도전하지 않고서는 어떤 결과도 기대할 수 없다. 도전 결과 실패의 쓴맛을 볼 수도 있지만, 그것이 두려워 도전조차 하지 않는다면 영영 승리의 단맛은 볼 수 없게 된다. 도전 없는 인생은, 실패의 쓴맛을 보지 않는다고 해도 이미 그 자체가 실패다.

내 인생의 가장 큰 변곡점은 선거 출마라는 도전이었다. 큰 도전인 만큼 철저하게 준비해야 당선의 영예를 안을 수 있는 일이다. 유권자가 세상을 변화시키려면 국민주권인 투표권을 행사해야 하는 것처럼, 공직에 뜻이 있는 후보자도 세상을 변화시키기 위해 출마 준비를 해야 한다.

나는 땅끝마을 해남 시골에서 태어나 자랐다. 공부 좀 한다고 했지만, 우물 안 개구리였다. 고등학교를 광주로 가면서 세상 보는 눈이 좀 넓어지고, 공부나 우정에 대해서도 생각이 좀 자랐지만, 그래 봐야 개울 안이었다. 서울로 올라와 성균관대 정치학과에 이어 대학원정치학석사을 졸업했다. 그러고는 한참 지나 정치에 몸담은 가운데 서울시립대에서 행정학박사 과정을 수료했다.

대학에 입학했을 때가 1980년대 중반, 군사정권 시절이었다. 그러니

정권 퇴진 운동에 열렬하여 어느새 학생운동의 중심이 되어 있었다. 민정당사 농성, 서울대 연합 시위로 구속되기도 했다. 1987년 6월 항쟁 이후에는 현장 활동을 접고 학자가 되고자 한동안 공부에 매진했지만, 연로한 어머니를 모시려면 취직을 해야 했다. 변변찮으나마 학생운동 경력 때문에 대기업은 입사 지원 원서조차 넣을 수 없어서 취직도 쉽지 않았다. 그래서 가리지 않고 닥치는 대로 일을 했다.

학원 강사 아르바이트, 학습지 출판, 조사 전문회사 연구원 등 다양한 직업을 전전하다가 교육 사업을 시작했다. 교육 사업을 하면서 아이들을 이윤의 대상으로 보지 않으려 노력했다. 나아가 우리 교육의 문제점과 가능성에 대해 깊이 생각하는 계기가 되었다.

그러다가 2012년 안규백 국회의원 동대문 갑의 비서관으로 근무하기 시작하면서 정치에 발을 들이게 되었다. 정치학 전공자로서 민주정치와 주민복지를 풀뿌리에서 구현하고 싶었던 그는 2014년 지방선거에서 서울시의원 민주당 후보로 출마하여 당선되었다. 다들 짧은 정 경력에 무모한 도전이라고 여겨 염려해주었지만, 나는 과감하게 출사표를 던졌다. 아무리 뜻이 크고 장한들 출마하지 않고서는 당선은 물론 아무것도 이룰 수 없다고 여겼다. 그래서 나는 그렇게 두려움을 떨치고 정치의 한가운데로 들어가 내 할 일을 해왔다.

2) 출마 준비는 빠를수록 좋다

선거는 누구나 당선되기 위해 출마한다. 선거에 떨어지기 위해 출하거나 떨어질 것이라고 확신한 채 출마하는 사람은 아무도 없을 것이다. 물론 나도 마찬가지다. 그러므로 일단 출마를 결심했다면 당선되기 위해 누구나 다른 후보들보다 더 일찍부터 더 열심히 준비하고, 선거운동도 열심히 하는 것은 당연하다.

나는 광역의원에 출마했다. 국회의원도 그렇지만 광역의원도 당내 경선을 거쳐야 한다. 그 당내 경선에서 최종 승리해야 비로소 소속 정당 후보로 공천을 받을 수 있다. 그러니 출마를 준비하는 후보로서는 소속 정당 공천을 받는 일이 최우선이고, 그래서 당내 경선 승리가 그 무엇보다도 중요하다.

서울시 광역의원 제2선거구 회기동, 휘경동, 이문동 출마가 정해진 나는, 아니 이미 그전부터 준비는 빠를수록 좋다는 믿음으로 차근차근 출마를 준비해갔다. 나는 당시 동대문구를 지역구로 하는 안규백 국회의원의 비서관으로 2년간 근무한 터라서 지역 사정에 대해서는 어느 정도 파악하고 있는 터였다. 더구나 비서관으로서 주로 동대문 지역 업무와 민원을 담당해왔기 때문에 지역 현안이나 주민이 필요로 하는 사항을 소상히 알고 있었다.

게다가 나는 대학에 이어 대학원에서 정치학을 공부해서 다른 차원으로 현장 정치에 접근하고 문제를 해결하고자 끊임없이 노력해왔고, 특히 교육 관련 사업을 해온 경험이 출마 준비를 앞둔 내게 큰 도움이 되었다.

이렇듯 나는 여러 면에서 다른 후보에 비해 더 준비된 후보자였지만, 선거를 치르려면 실무 차원에서 준비할 것도 많았다. 그래서 출마 준비는 물론 선거운동도 법이 정한 한도 내에서 빠를수록 좋다고 한 것이다.

선거운동은 선거에서 당선되려고 행하는 정치 행위를 말하는데, 상대 후보자가 당선되지 못하도록 하는 행위도 선거운동에 포함된다고 하겠다. 비로 이 선거운동은 공직선거법으로 엄격하게 제한을 받는다. 제한 규정을 위반하면 당선 무효가 될 수도 있으니, 각별하게 유의해야 한다. 다만, 선거에 관한 단순한 의견 개진이나 입후보 또는 선거운동 준비행

제 9대 서울시 의회 본 회의장

위, 정당의 후보자 추천에 관한 단순한 지지 · 반대 의사표시, 통상적인 정당 활동, 명절에 의례적인 인사말을 문자메시지로 전송하는 행위 등은 선거운동으로 보지 않는다. 만약 어떤 행위가 선거운동인지 아닌지 모호하다면 자의로 판단하지 말고 반드시 선관위의 유권해석을 서면으로 받아본 다음 그 증거를 보관해야 한다.

출마하려면 실무 차원에서 준비할 게 많다고 했는데, 선거벽보 및 선거공보, 현수막, 어깨띠 등 소품을 이용한 선거운동, 공개 연설 및 대담, 언론매체를 이용한 선거운동, 정보통신망을 이용한 선거운동 등 선거운동의 종류만 들어도 실감할 수 있다.

제9대 서울시의회 기획경제위원회 질의

벽에 붙이는 선거벽보에는 후보자의 사진과 이름, 기호, 소속정당, 경력, 정견 및 소속정당의 정강·정책 등을 게재한다. 선거벽보 부착 매수는 지역 인구에 따라 제한된다. 동에서는 인구 500명에 1매, 읍에서는 인구 250명에 1매, 면에서는 인구 100명에 1매 비율을 한도로 한다. 다만 중앙선관위 규칙에 따라 인구 1,000명에 1매의 비율까지 조정은 가능하다.

후보자에 관한 정보가 담긴 문서인 선거공보는 책자형과 전단형 각각 1종을 작성할 수 있다. 책자형 선거공보 매수는 대통령 선거에서는 16면 이내, 국회의원과 지자체장 선거에서는 12면 이내, 지방의회 의원 선거에서는 8면 이내로 해야 한다.

전단형은 1매양면 가능로 해야 한다. 선거공보에는 후보자의 이름과 사진, 소속정당, 경력, 정책 등이 게재되며 선거관리위원회가 정당이나 후보자에게 제출받아 선거운동에 사용하도록 배포한다. 그 밖의 선거운동도 중앙선관위가 정한 규칙에 따라 행해야 한다.

이렇듯 공직선거에 출마하는 일은 간단치 않다. 닥치기 전에 막연히 생각했던 것보다 준비하는 데 몇 배나 일이 많다. 따라서 가장 큰 문제는 시간이 부족하다는 것이다. 더구나 적은 비용으로 선거를 치르는 후보라면 그만큼 더 시간을 많이 투입해야 한다. 그러므로 출마를 결심한 순간부터, 선거 준비 시작이 빠를수록 당선 가능성이 커진다.

3) 출마 연설문 작성하기

큰 포부를 갖고 선거에 출마했는데 유권자가 '왜 출마했느냐'고 물어보면 머뭇거리며 선뜻 대답하지 못하는 후보가 의외로 많다.

왜 그럴까? 제대로 준비하지 못한 탓도 있겠지만, 출마하기 전에 본인도 왜 출마하려 하는지에 대해 충분히 고민하지 못한 탓이 크다. 그런 고민이 선행되어야 출마하기 전에 자기가 출마하려는 지역사회의 문제와 주민의 애로사항을 파악할 수 있다. 출마 연설, 즉 출마의 변은 그런 고민을 바탕으로 지역과 주민에 대한 사전 정보가 충분히 있어야 공감할 수 있는 내용이 나온다.

그리고 정치인이라면 정치에 대한 소신과 철학이 정립되어 있어야 하고, 그것을 간명한 말로 표현할 수 있어야 한다. 나는 내가 정치를 하는 사람으로서 선거에 출마한 변의 서두를 이렇게 정리하곤 한다.

"정치는 사람에 대한 사랑의 실천이며 이웃과 타인의 어려움과 고통에 대한 공감과 책임입니다. 이들의 고통과 어려움을 함께 극복하려는 책임과 윤리의식은 저 자신의 자유만큼이나 소중합니다. 아울러 정치는 자유, 평등, 평화, 생명, 행복 등 인류의 보편적 가치를 실천하는 일이어야 합니다. 정치는 사랑에 대한 실천이며 평화와 복지를 실현하는 것으로, 저는 비록 보잘것없는 사람이지만 정치를 시작해 지금껏 혼신을 다해왔습니다. 주어진 기회를 성장의 기회로 삼고, 어려운 환경이 닥쳐도 여러분이 버팀목이 되어 주실 것으로 믿고 열심히 노력할 것입니다."

다음은 내 경험에 따라 출마 연설을 어떻게 할 것인지 정리해본 것인데, 정치 초년생에게는 참고가 될 것이다.

먼저 〈인사말〉을 해야 하는데 '시작이 반'이라고 했듯이 이 시작을 잘해야 전체 연설이 잘 될 수 있다. 인사말에서는 되도록 거창하거나 형식적인 말은 피하고 한마디로 청중의 관심을 끌 수 있어야 한다. 그러려면 청중이 친밀감, 유대감, 일체감을 느낄 수 있는 자기소개를 곁들여 유머러스하게 인사를 건넨다. 무엇보다 인사말은 짧고 강렬하되 청중이 후보의 말에 귀를 기울이도록 해야 한다.

이제 〈출마의 변〉이다. 먼저, 왜 출마했는지 출마 동기를 분명히 밝힌다. 그리고 현재 자신의 처지와 입장을 진솔하게 밝혀 청중의 공감과 감동을 끌어낸다. 이 때도 너무 장황하게 시간을 끌어서는 안 된다. 핵심만 간결하게 말하고 넘어가야 한다. 그렇다고 너무 경직되어서는 사무적이 되기 쉬우므로 여유를 갖고 감성을 살려야 한다.

이어서 〈공약 제시〉를 한다. 공약은 많다고 해서 좋은 건 아니다. 너무 많으면 오히려 신뢰를 주지 못할뿐더러 임팩트를 남기지 못한다. 지역과 주민들이 무엇을 가장 필요로 하는지, 또 크게 생각하는지 포착하여 대표 공약을 개발한다. 대표 공약 2~3개를 중심으로 5대 공약 또는 10대 공약을 정리하여 발표한다. 이때 중요한 것은 공약을 구체적으로 명시하되 실행 방안을 곁들여야 한다. 특히 대표 공약은 내용에서든 실행 방안에서든 다른 후보와 차별성을 갖춰야 한다.

끝으로 〈맺음말〉이다. '끝이 좋으면 다 좋다'는 말이 있듯이 이 마무리 멘트가 출마 연설 전체의 성패를 좌우할 수 있다. 더구나 표로 직결되는 멘트이므로 강렬한 인상을 남겨야 한다. 말이든 제스처든 감동을 주고 여운을 남겨야 한다. 그러려면 무엇보다 솔직하고 겸손하되 용기를 내보임으로써 자기 말에 책임을 질 사람이라는 믿음을 주어야 한다.

4) 메시지가 당락을 좌우한다

선거에서 메시지의 중요성은 아무리 강조해도 지나치지 않다. 선거 메시지는 짧고 강렬하되 친근하게 스며들어야 한다. "보통사람"(노태우), "준비된 대통령"(김대중), "경제 대통령"(이명박), "경제민주화"(박근혜) 같은 슬로건은 시대 이슈를 선점하는 효과가 득표로 이어졌다. 이제 21대 대선이 눈앞에 다가오면서 각 대선 후보들은 각자의 슬로건을 발표하고 지지율 끌어올리기에 들어갔다.

역대 대선 중에는 슬로건 하나로 게임이 끝난 경우가 적잖다. 미국의 대선을 예로 들면, 클린턴의 "It's the Economy, Stupid!"바보야, 문제는 경제야!에서부터 오바마의 "Yes, We Can Change!"그래, 우리는 바꿀 수 있어! 로 이어진다. 여기서 오바마가 정말 노쇠한 미국을 변화시킬 능력이 있는지는 중요하지 않다. 변화에 대한 갈망의 지점을 먼저 선점하고 자신이 그러한 이미지를 얻으면서 상대방을 재위치시키는 것이다. 기존의 지지층은 표를 던지는 데 망설임이 없게 하고, 상대편 지지층조차 이탈시켜 자기를 지지하게 만드는 것이 바로 이 슬로건의 힘이다. 선거에서 메시지는 그만큼 중요하다.

이처럼 대통령 선거처럼 큰 이슈도 있지만, 작은 지역 선거에서도 이슈를 선점할 의미를 함축하여 기억하기 쉬운 내용으로 메시지를 만드는 것이 필요하다. 전하고자 하는 메시지가 간결하고 일관성이 있어야 한다.

물론 슬로건은 참신하고 기발해야 하지만, 무엇보다 천박하거나 속되지 않아야 하고 네거티브보다는 포지티브 전략으로 나가는 것이 중요하다. 비교하여 상대를 깎아내리는 슬로건보다는 내가 어떻게 하겠다는 진심을 보여주는 슬로건이 유권자의 가슴에 더 와닿는다.

그렇다면 지난 2014년 지방선거에서 나온 슬로건을 예로 들어보자. 수원시장에 출마한 후보 가운데는 "대박 수원"이나 "더 나은 수원"을 슬로건으로 내건 후보들이 있었다. 일단 '대박'은 천박하다. 자신을 시장으로 뽑으면 수원이 로또 맞는다는 것인가? '수원이 대박 맞는다'는 뜻으로 내건 슬로건이 분명한데, 수원을 하나의 상품으로 본 혐의가 짙다. "대박 세일" 같은 상업 슬로건은 선거에서 유권자의 마음을 움직이기는커녕 반감을 사기 쉽다. 사람을 뽑는 선거인데, 슬로건에 가장 중요한 사람이 빠져 있고, 하필 자본주의가 낳은 용어 중에서도 가장 천박한 용어를 내세웠기 때문이다.

"더 쎈 놈이 왔다. 더 나은 수원"이라는 슬로건도 '대박' 못지않게 천박한 인상을 주고 반감을 사는 나쁜 슬로건의 전형적인 사례다. 반면에 그 전에 등장한 "해피 수원"이나 "사람이 반갑습니다" 같은 슬로건은 중심에 사람이 있어서 듣고만 있어도 행복해지는 느낌, 반가워지는 느낌을 준다. 게다가 '해피'는 영어로 'HAPPY'인데, 단어 전체를 이니셜로 사용하여 '조화harmony, 성취achieve, 평화peace, 사람people, 젊음young'의 뜻을 담아 표현한 것은 기발하기까지 하다.

한편 오산시장 선거에서는 "시민이 답이다", "참 좋은 친구 오산" 같은 좋은 슬로건을 볼 수 있다. 오산시가 지닌 문제의 답을 시민에게서 구하겠다는 사람 중심의 인본주의적 발상이다. 어디까지나 주체를 사람으로 세우고, 오산을 친구로 보는 시각, 사람으로 보는 따뜻한 마음을 충분히 담아낸 표현이다. '대박'과 같은 천박한 표현을 이에 비할 바는 아니다.

선거 메시지는 정해진 모범답안이 없다. 시대에 따라 달라야 하고, 지역에 따라 달라야 하며, 처한 상황에 따라 다를 수밖에 없기 때문이다. 가장 중요한 것은 후보자 본인이 아니라 국민이나 주민의 입장에 서서 문제를 바라보아야 호소력 있는 메시지가 나온다는 점이다. 다시 말해, 지방선거 출마자는 상대 후보가 아니라 주민을 바라보고 메시지를 작성해야 한다.

2017년 서울시의회 현장방문

5) 알리는 데는 명함이 최고다

자신을 알리고 상대방을 기억하는 데는 명함만 한 것이 없다. 특히 첫 도전자는 열심히 이름을 알려야 하니 더욱 명함이 필요하다. 그럼 선거에 나서는 후보의 명함에는 무엇이 들어가야 할까?

먼저 명함에 선거 슬로건을 넣고 이름이 잘 보이도록 배치한다. 뒷면에는 대표 경력을 4~5가지 넣되 명함을 2~3종류 만들어서 반응이 좋은 것으로 배포한다. 또 명함에 넣을 대표 경력은 스스로가 잘 만들어야 한다.

그리고 배포 방법을 들자면, 출퇴근 유동인구가 가장 많은 전철역에 나가 매일 같은 시각 같은 자리에서 한 달 이상 명함을 주고 인사를 반복하는 것도 시도해볼 만하다. 처음에는 별 반응이 없던 사람들도 몇 번쯤 반복되면 미소를 띠며 답례를 해올 것이다.

명함 한 장을 배포하더라도 정성을 다하고 주민을 섬긴다는 자세로 하는 것밖에 달리 방법이 없다. 단 한 장의 명함도 소중하게 관리하고 자신의 활동을 주기적으로 알리는 방법을 찾아야 한다.

다음은 명함 제작에서부터, 배포 그리고 선거법 관련 허용 및 제한 사항이다.

- 배부 시기: 예비후보자 등록 이후부터
- 명함 규격: 길이 9㎝, 너비 5㎝ 이내

  ⇨ 지질 · 종수에 대한 제한이 없으므로 여러 종류를 제작할 수 있음.
- 게재 사항: 예비후보자 성명 · 사진 · 전화번호 · 학력 · 경력 · 기타 홍보에 필요한 사항. 기호가 결정되기 전이라도 자신의 기호를 알 수 있다면 그 기호를 게재할 수 있음.

＊명함 배부 방법

- 예비후보자, 예비후보자의 배우자와 직계존비속은 예비후보자의 명함을 직접 주거나 지지를 호소할 수 있음. ※단독으로 배부할 수 있음.
- 예비후보자와 함께 다니는 선거사무장 · 선거사무원 · 활동보조인, 예비후보자가 그와 함께 다니는 사람 중에서 지정한 각 1명은 예비후보자의 명함을 직접 주거나 예비후보자에 대한 지지를 호소할 수 있음. ※단독으로 배부할 수 없고 예비후보자와 함께 있을 때 배부할 수 있음.

＊명함 배부 금지 장소 (※선거 기간에는 배부 가능함)

- 선박 · 정기여객자동차(노선버스, 마을버스) · 열차 · 전동차 · 항공기의 안과 그 터미널 구내(지하철역 구내 포함) ⇨ 다만, 정기여객자동차의 경우 명함 배부나 지지 호소를 위하여 이용하는 경우 외 단순히 이동을 위하여 승차하는 것은 무방함.
- 병원 · 종교시설 · 극장의 안 ⇨ 다만, 후보자가 선거운동 기간 중에 배부하는 경우에는 호별 방문에 이르지 아니하는 한 배부 장소에 대한 제한은 없음.

02 선거는 전략이다

1) 선거 전략 짜기

대통령 선거에 가려 있지만, 지방선거가 불과 몇 개월 남지 않았다. 오는 2022년 6월 1일, 유권자는 후보자 중에서 한 사람을 선택하게 된다. 이때 처음 도전하는 출마자는 기존의 자치단체장이나 지방의원보다 인지도가 현저히 낮아 선거운동에 상당한 제약을 받게 마련이다. 이를 해결하려면 무엇보다 선거 전략이 중요하다. 이때 내가 제시하고 싶은 전략은 크게 5가지로 요약된다.

① 친근한 메시지로 다가간다

메시지는 후보자의 철학과 이념, 현실 판단, 쟁점을 만들어가는 중요한 키워드다. 상대를 비판하기보다는 자신의 메시지를 개발해야 하며, 이를 캠페인으로 연결해야 한다. 메시지는 간략하면서도 명료해야 하고, 후보자의 상징이 될 수 있어야 한다.

② 남다른 공약 개발로 차별화한다

공약이라고 하면 대개 후보가 할 수 있는 것, 지킬 수 있는 것을 의미하지만, 사실 누구나 할 수 있는 공약으로는 차별화할 수 없다. 가령 기업 유치, 재개발, 재건축, 지역상품화 같은 공약은 누구나 하는 것이어서 식상하다. 누구도 좀처럼 생각하기 어려운 공약을 개발하여 제시해야 하며, 그러려면 멀리 보고, 넓게 보는 안목이 필요하다. 중장기 로드맵과 단계적 실현 방안 등을 수립해서 미래 지향적이고 구체적 안을 만들어 제시해야 한다.

③ 유튜브를 개설하여 운용한다

이제 텍스트나 사진만으로는 설득력이 떨어진다. 후보자 자신이 바로 상품이 되어 직접 온라인을 비롯한 SNS에서 설명할 수 있어야 한다. 세태에 대한 견해부터 지역의 지리적 특성이나 역사와 문화, 그리고 특산물 소개, 지역민의 일상 등 지역 홍보에 초점을 맞춰서 자신의 이야기를 담아낸다. 처음 몇 번만으로는 가시적인 효과를 얻기는 어렵지만, 이런 자료가 계속해서 쌓이면 상당한 효과를 볼 수 있다.

후보자 중에는 신변잡기와 같은 사사로운 자신의 일상을 소개하는 유튜버가 많은데, 이는 오히려 역효과를 내기도 하거니와 자신의 일상을 적나라하게 드러내는 것이니 삼가는 것이 좋다. 자기 이야기라도 어디까지나 공적 주제로 연결하여 이야기를 풀어갈 수 있어야 한다.

④ 이미지 개선으로 새롭게 보인다

후보자는 자신의 과거를 과시적으로, 즉 과대 포장해서 표현하는 경우가 많다. 하지만 그런 허세는 유권자에게 별 흥미를 주지 못한다. 게다가 부풀린 이야기라는 게 밝혀지면 상대방에게 공격의 빌미만 줄 뿐이다. 그러니 후보자는 자신을 과대 포장하기보다는 기존의 고리타분한 이미지를 벗을 새로운 이미지를 개발하고 구축하여 새롭게 다가가야 한다. 다만, 전제는 공직 후보자에 걸맞은 이미지여야 한다는 것이다.

유권자는 후보자가 보여주는 과거가 아니라 보여줄 수 있다고 믿는 미래에 투표한다. 그러니 새로운 시대에 걸맞은 이미지를 찾아 개선해 나갈 필요가 있다.

⑤ 설명하고 설득하는 능력을 갖춘다

후보자는 그 누구를 상대하든 상대방을 이해시키는 설명 능력이 없으면 아무런 의미가 없다. 이는 결국, 설득 능력을 말하는데, 설득은 상대방을 조르는 과정이 아니라 합리적인 설명으로 상대를 수긍하도록 하는 능력을 의미한다. 지도자가 되려는 사람이 설명 능력과 설득 능력이 없으면 허수아비나 마찬가지다. 주장은 내세우는 것이 아니라, 상대방을 이해시키는 능력, 수긍하도록_{받아들이도록} 하는 능력이다.

코로나 유행 전의 여느 시절 같았으면, 지금쯤 지방선거 출마자나 예정자는 그 준비로 분주한 일정을 보내고 있겠지만, 코로나 사태로 인해 다들 대면 접촉을 회피하는 분위기인 데다가 어느 때보다 뜨거운 대통령 선거 열기로 인해 지방선거는 관심 밖으로 밀려 있다. 그래서 지방선거가 먼 얘기로 들리겠지만, 실은 눈앞에 닥친 선거이므로 한시바삐 준비해야 한다.

'봄 장사는 겨울 준비' 이듯, 무슨 일이든 남모르게 하나씩 해나가는 것이 진정한 준비다. 지방선거로 말할 것 같으면, 오히려 남들이 코로나에 주눅 들고 대선 싸움에 한눈을 파는 이때가 준비하기에 최적의 시간이다. 선거에서는 철저한 준비만이 좋은 결과를 얻는 최고 비결이다.

선거철 유세 현장은 그야말로 다양한 군상의 출마자가 유권자를 만나는 민심의 저수지다. 출마자들은 상대방을 쓰러뜨려야 자기가 살 수 있으므로 죽기 살기로 선거에 임한다. 자신의 정치 생명을 걸고 벼랑 끝 투혼을 발휘하는 것이다.

　이때 가장 쉽게 빠지는 유혹은 네거티브 전략이다. 전쟁에서 승리하려면 무엇보다 싸움 방식을 잘 선택해야 한다. 선거라는 전쟁에서 기본 무기는 물론 정책 공약이다. 하지만 유권자의 표심을 움직이는 건 많은 경우에 '의혹'과 '폭로'라는 것을 알기 때문에, 특히 선거 막판에 상대방의 약점을 물고 늘어져 진흙탕 싸움을 조장하는, 이른바 물귀신 작전이 벌어지기 일쑤다.

　특히 주요 두 후보가 박빙의 승부를 다툴 때는 치열한 만큼 서로 네거티브 공세도 뜨거워지게 마련이다. 자고 일어나면 새로운 의혹들이 빵빵 터지고, 급기야 한쪽에서는 '상대 후보가 안 되는 이유'를 조목조목 들어 언론에 유포하기도 한다. 그래서 각 선거 캠프에서는 미디어를 담당하는 공보단을 꾸려 네거티브 공세에 대응한다.

　투표일이 임박할수록 이런 네거티브 전략은 극에 달한다. 상대 후보에게 해명의 기회를 주지 않기 위해서다. 선거 때마다 어김없이 반복되는 현상이다. 그러나 네거티브 전략은 유권자에게 강한 인상을 심어주는 만큼 신중할 필요가 있다. 역풍을 맞아 선거를 망칠 수도 있기 때문이다. 더구나 근거 없는 흑색선전이라면, 요즘처럼 미디어가 발달한 시대에서는 금세 들통 나 역풍을 맞고 유리한 국면이 뒤집힐 수 있다.

　"투표는 탄환보다 강하다."

미국의 링컨 대통령이 남긴 말이다. 유권자의 한 표 한 표가 얼마나 소중한지를 일깨우는 말이다. 선거가 축제가 될 순 없을까. 록 페스티벌이나 영화제처럼 유권자가 들뜬 마음으로 유세장을 찾고, 또 다녀오고 나면 마치 홍대 클럽을 다녀온 듯 하루의 스트레스가 해소되는, 마냥 즐겁고 유쾌한 축제.

2) 선거법 제대로 숙지하기

공직선거법은 누구든지 법률에 따라 금지 · 제한되는 경우를 제외하면 자유롭게 선거운동을 할 수 있다고 명시한다. 선거운동의 자유는 정치적 표현의 자유에 해당하는 국민의 권리로, 이를 지나치게 제한하는 것은 위헌이 될 수 있다. 나의 선거운동 자유도 보호받아야겠지만, 다른 사람의 선거운동 자유를 침해한 행위는 선거범죄에 해당하며 관련법에 따라 처벌받는다. 선거범죄는 선거의 자유와 공정성을 침해하는 위법 행위를 모두 포함하는 개념이다.

선거운동은 그 기간을 법으로 정하고 있다. 그러지 않으면 후보자 간의 자금력 차이로 공정한 경쟁이 불가능하게 되고, 과도한 경쟁으로 사회적 손실이 생길뿐더러 관리가 어려워 부정행위에 쉽게 노출되기 때문이다.

그래서 선거운동 기간은 선거일을 기준으로 대통령 선거는 23일, 국회의원 선거와 지자체 선출직 선거는 14일을 엄격하게 적용하고 있다.

그런데 선거운동 기간 외에 사전선거운동을 할 수 있는 예외도 있다. 인터넷 홈페이지나 게시판 등에 글과 영상을 게재하거나 전자우편을 전송하는 경우다. 다만, 예비후보자또는 후보자 본인만 전송할 수 있다. 또 휴대폰 문자메시지도 전송할 수 있는데 이것 역시 예비후보자또는 후보자 본인에게만 허용되며 횟수는 5회로 제한된다. 하나 더 제한 규정은 중앙선관위 규칙에 따라 신고한 전화번호만 사용해야 한다는 것이다. 그 외에는 토론회나 대담 등을 개최하고 보도하는 행위 등 예외적으로 허용하는 사전선거운동도 있다.

선거운동을 하다보면 후보자나 선거 캠프에서 자기들도 모르게 법을 위반하는 경우가 속출한다. 물론 선거법을 제대로 숙지하지 못한 불찰이지만, 선거법이 그만큼 복잡한 때문이기도 하다. 선거운동을 하는 가운데 가장 흔히 법을 어기게 되는 것은 기부행위와 홍보·광고행위다. 이를 중심으로 가장 위반하기 쉬운 금지 사항 10가지와 그에 따른 제재 사항을 정리하니, 선거운동에 유용하게 참고하기 바란다.

① 기부행위 등의 금지

기부행위는 해당 선거구 안에 있는 사람·기관·단체·시설 및 선거

구민의 모임이나 행사, 또는 해당 선거구의 밖에 있더라도 그 선거구민과 연고가 있는 사람·기관·단체·시설에 대해 금전·물품, 그 밖의 재산상 이익의 제공, 이익 제공의 의사표시 또는 그 제공을 약속하는 행위를 말한다공직선거법 제112조 제1항. ※기부행위에 속하지 않는 행위는 공직선거법 제112조 제2~4항에서 확인할 수 있다.

누구든지 선거에 관해 후보자후보자가 되고자 하는 사람을 포함 또는 그 소속정당창당준비위원회 포함을 위해 기부행위를 하거나 하게 할 수 없다공직선거법 제115조 전단 및 지방교육자치에 관한 법률 제49조 제1항.

이 경우 후보자 또는 그 소속정당의 명의를 밝혀 기부행위를 하거나, 후보자 또는 그 소속정당이 기부하는 것으로 추정할 수 있는 방법으로 기부행위를 하는 것은 해당 선거에 관해 후보자 또는 정당을 위한 기부행위로 본다공직선거법 제115조 후단 및 지방교육자치에 관한 법률 제49조 제1항.

[위반할 경우 제재 사항]

금지되는 기부를 지시·권유·알선·요구하거나 그로부터 기부를 받은 사람은 3년 이하의 징역 또는 500만 원 이하의 벌금에 처하고, 기부받은 이익이 몰수되며, 그 전부 또는 일부를 몰수할 수 없을 때는 그 가액이 추징된다공직선거법 제257조 제2·4항. 선거에 영향을 미치게 하도록 공직선거법에 따른 경우를 제외하고 문자·음성·화상·동영상 등을 인터넷 홈페이지의 게시판·대화방 등에 게시하거나 전자우편·문자메시지로 전송하게 하고 그 대가로 금품, 그밖에 이익의 제공 또는 그 제공의 의사표시를 하거나 그 제공을 약속한 사람과, 그 사람으로부터 금품, 그 밖의 이익을 제공받거나 그 제공의 의사표시를 승낙한 사람은 5년 이하의 징역 또는 3천만 원 이하의 벌금에 처한다公직선거법 제230조 제1항.

또, 이러한 행위를 지시·권유·요구하거나 알선한 사람은 7년 이하의 징역 또는 5천만 원 이하의 벌금에 처한다公직선거법 제230조 제3항.

[금전·물품·음식물 등을 제공받은 경우]

기부행위가 제한되는 사람으로부터 기부를 받은 사람 중 다음 어느 하나에 해당하는 사람제공받은 금액 또는 음식물·물품가액이 100만 원을 초과하는 사람은 제외에게는 제공받은 금액 또는 음식물·물품가액의 10배 이상 50배 이하에 상당하는 금액주례의 경우에는 200만 원의 과태료가 부과되며, 과태료의 상한은 3천만 원이다公직선거법 제261조 제9항, 공직선거관리규칙 제143조 제5항 및 별표 3의2.

※ 다만, 제공받은 금액 또는 음식물·물품제공받은 것을 반환할 수 없는 경우에는 그 가액에 상당하는 금액 등을 선거관리위원회에 반환하고 자수한 경우에는 과태료가 감경 또는 면제될 수 있다公직선거법 제261조 제9항 단서.

② 수신 거부 의사에 반한 정보의 전송 금지

누구든지 정보 수신자의 명시적인 수신 거부 의사에 반해 선거운동 목적의 정보를 전송할 수 없다공직선거법 제82조의5 제1항 및 지방교육자치에 관한 법률 제49조 제1항.

선거운동 정보를 전송하는 선거사무관계자는 수신자가 수신 거부를 할 때 발생하는 전화요금, 그 밖의 금전적 비용을 수신자가 부담하지 않도록 필요한 조치를 해야 한다공직선거법 제82조의5 제5항 및 지방교육자치에 관한 법률」 제49조 제1항.

[위반할 경우 제재 사항]

위의 선거운동 정보의 전송 제한 사항을 위반한 사람은 1년 이하의 징역 또는 100만 원 이하의 벌금에 처한다공직선거법 제255조 제4항.

③ 인터넷 광고 금지

후보자대통령 선거의 정당 추천 후보자와, 비례대표 국회의원 선거 및 비례대표 지방의회 의원 선거에서는 후보자를 추천한 정당을 말함가 정해진 요건에 따라 인터넷 광고를 하는 것을 제외하고, 누구든지 선거운동을 위해 인터넷 광고를 할 수 없다공직선거법 제82조의7 제1·5항 및 지방교육자치에 관한 법률 제49조 제1항.

[위반할 경우 제재 사항]

후보자가 아님에도 불구하고 선거운동을 위해 인터넷 광고를 한 사람은 3년 이하의 징역 또는 600만 원 이하의 벌금에 처한다_{공직선거법 제252조 제3항}.

④ 전화 또는 그밖의 방법을 통한 협박 금지

누구든지 선거운동을 위해 후보자, 선거사무장, 선거연락소장, 선거사무원, 회계책임자, 연설원, 대담·토론자 또는 선거권자 등에 대해 전화 또는 그 밖의 방법으로 협박할 수 없다_{공직선거법 제109조 제3항 및 지방교육자치에 관한 법률 제49조 제1항}.

[위반할 경우 제재 사항]

선거운동을 위해 후보자, 선거사무장, 선거연락소장, 선거사무원, 회계책임자, 연설원, 대담·토론자 또는 선거권자 등에 대해 전화 또는 그 밖의 방법으로 협박을 하거나 하게 한 사람은 3년 이하의 징역 또는 600만 원 이하의 벌금에 처한다_{공직선거법 제255조 제1항 제19호}.

⑤ 방송·신문 등을 이용한 광고 금지

누구든지 선거기간 중 선거운동을 위해 공직선거법에 따르지 않은 방법으로 방송·신문·통신 또는 잡지 및 그 밖의 간행물 등 언론매체를 통해 광고할 수 없다 공직선거법 제94조 및 지방교육자치에 관한 법률 제49조 제1항.

[위반할 경우 제재 사항]

선거기간 중에 선거운동을 위해 공직선거법에 따르지 않은 방법으로 방송·신문 등을 이용하여 광고한 사람은 3년 이하의 징역 또는 600만 원 이하의 벌금에 처한다 공직선거법 제252조 제3항.

⑥ 어깨띠 등 소품 이용 금지

선거사무 관계자가 아닌 자원봉사자는 선거운동 기간 중 어깨띠, 모양과 색상이 같은 모자나 옷, 표찰·수기·마스코트·소품 또는 그 밖의 표시물을 사용하여 선거운동을 할 수 없다 공직선거법 제68조 제2항 및 지방교육자치에 관한 법률 제49조 제1항.

[위반할 경우 제재 사항]

선거사무 관계자가 아님에도 불구하고 선거운동을 위해 어깨띠 등 소품을 착용하거나 하게 한 사람은 3년 이하의 징역 또는 600만 원 이하의 벌금에 처한다 공직선거법 제255조 제1항 제5호.

⑦ 향우회, 동창회, 반상회 등 개최 금지

누구든지 선거기간 중 선거에 영향을 미치게 하기 위해 향우회 · 종친회 · 동창회 · 단합대회 또는 야유회, 그 밖의 집회나 모임을 개최할 수 없으며, 특별한 사유가 없는 한 반상회를 개최할 수 없다공직선거법 제103조 제3 · 4항 및 지방교육자치에 관한 법률」 제49조 제1항.

또 후보자와 관련 있는 출판기념회 개최도 금지된다. 누구든지 선거일 90일 전선거일 90일 전 이후에 실시 사유가 확정된 보궐선거 등의 경우에는 그 선거의 실시 사유가 확정된 때부터 선거일까지 후보자예비후보자 포함와 관련 있는 저서의 출판기념회를 개최할 수 없다공직선거법 제103조 제5항 및 지방교육자치에 관한 법률 제49조 제1항.

[위반할 경우 제재 사항]

선거운동 기간 중 특정 국민운동단체 및 주민자치위원회의 모임을 개최한 사람은 3년 이하의 징역 또는 600만 원 이하의 벌금에 처한다공직선거법 제256조제1항 제4호.

선거기간 중 각종 집회 · 출판기념회 등을 개최하거나 하게 한 사람은 2년 이하의 징역 또는 400만 원 이하의 벌금에 처한다공직선거법 제256조제3항제1호카목.

선거운동에 이용할 목적으로 야유회 · 동창회 · 친목회 · 향우회 · 계모임, 그밖의 선거구민의 모임이나 행사에 금전·물품·음식물, 그 밖의 재산상의 이익을 제공한 사람, 그 제공의 의사를 표시한 사람, 그 제공을 약속한 사람, 제공을 받은 사람 및 그 제공의 의사표시를 승낙한 사람은 5년 이하의 징역 또는 5천만 원 이하의 벌금에 처한다공직선거법 제230조 제1항 제3·6호.

공직선거법 제230조 제1항 제3·6호에 따른 행위에 대해 지시·권유·요구하거나 알선한 사람은 7년 이하의 징역 또는 5천만 원 이하의 벌금에 처해지며, 당선이 되거나 되게 하거나 되지 못하게 할 목적으로 선거기간 중 포장된 선물 또는 돈 봉투 등 다수의 선거인에게 배부하도록 구분된 형태로 되어 있는 금품을 운반하는 사람은 5년 이하의 징역 또는 3천만 원 이하의 벌금에 처한다공직선거법 제230조 제3·4항.

⑧ 연설회장에서의 소란행위 등 금지

누구든지 공직선거법에 따른 공개 장소에서의 연설·대담장소, 대담·토론회장 또는 정당의 집회장소에서 폭행·협박, 그 밖의 어떠한 방법으로도 연설·대담장소 등의 질서를 문란하게 하거나 그 진행을 방해할 수 없으며, 연설·대담 등의 주관자가 연단과 그 주변의 조명을 위해 사용하는 경우를 제외하고는 횃불을 사용할 수 없다공직선거법 제104조 및 지방교육자치에 관한 법률 제49조 제1항.

[위반할 경우 제재 사항]

연설·대담장소 등에서 질서를 문란하게 하거나 횃불을 사용하거나 하게 한 사람은 2년 이하의 징역 또는 400만 원 이하의 벌금에 처해지고, 연설·대담장소에서 위험한 물건을 던지거나 후보자 또는 연설원을 폭행하는 경우에는 폭행 가담 정도에 따라 3년·5년 이상의 유기징역 또는 7년 이하의 징역에 처해지며, 범행에 사용하기 위해 지닌 물건은 몰수된다_{공직선거법 제237조 제3·4항 및 제256조 제3항 제1호타목}.

⑨ 직무상 행위를 이용한 선거운동 금지

누구든지 교육적·종교적 또는 직업적인 기관·단체 등의 조직 내에서의 직무상 행위를 이용해 그 구성원에 대해 선거운동을 하거나 하게 하거나, 계열화나 하도급 등 거래상 특수한 지위를 이용해 기업조직·기업체 또는 그 구성원에 대해 선거운동을 하거나 하게 할 수 없다_{공직선거법 제85조 제3항 및 지방교육자치에 관한 법률 제49조 제1항}.

[위반할 경우 제재 사항]

교육적·종교적 또는 직업적인 기관·단체 등의 조직 내에서 직무상 행위를 이용해 선거운동을 하거나 하게 한 사람은 3년 이하의 징역 또는 600만 원 이하의 벌금에 처해진다_{공직선거법 제255조 제1항 제9호}.

⑩ 여론조사 결과의 공표 금지

누구든지 선거일 6일 전부터 선거일의 투표 마감 시각까지 선거에 관해 정당에 대한 지지도나 당선인을 예상하게 하는 여론조사모의투표나 인기투표에 따른 경우를 포함의 경위 및 그 결과를 공표하거나 인용하여 보도할수 없다공직선거법 제108조 제1항 및 지방교육자치에 관한 법률 제49조 제1항.

또 투표용지와 유사한 모형을 사용한 여론조사 및 후보자·정당 명의의 여론조사도 금지된다. 누구든지 선거일 60일 전선거일 60일 전 이후에 실시 사유가 확정된 보궐선거 등의 경우에는 그 선거의 실시 사유가 확정된 때부터 선거일까지 선거에 관한 여론조사를 투표용지와 유사한 모형을 이용한 방법을 사용하거나 후보자후보자가 되고자 하는 사람을 포함 또는 정당창당준비위원회 포함의 명의로 선거에 관한 여론조사를 할 수 없다공직선거법 제108조 제2항 본문 및 지방교육자치에 관한 법률 제49조 제1항.

[위반할 경우 제재 사항]

선거일 6일 전부터 선거일의 투표 마감 시각까지 여론조사의 경위와 그 결과를 공표 또는 인용하여 보도한 사람, 선거일 60일 전선거일 60일 전 이후에 실시 사유가 확정된 보궐선거 등의 경우에는 그 선거의 실시 사유가 확정된 때부터 선거일까지 선거에 관한 여론조사를 투표용지와 유사한 모형을 이용한 방법을 사용하거나 후보자후보자가 되고자 하는 사람을 포함 또는 정당창당준비위원회 포함의 명의로 선거에 관한 여론조사를 한 사람은 2년 이하의 징역 또는 400만 원 이하의 벌금에 처한다공직선거법 제256조 제3항 제1호파목.

선거 관련 주요 법률에는 공직선거법, 정치자금법, 국민투표법이 있는데, 이들 법률을 위반한 범죄 등 선거범죄로 인하여 당선인이 100만 원 이상의 벌금형을 선고를 받아 그 형이 확정된 경우에는 그 당선은 무효로 된다.

그뿐 아니라 선거사무장이나 선거사무소의 회계책임자에 대하여 300만 원 이상의 벌금형이 확정되기만 해도 후보자의 당선은 무효가 되며, 후보자의 직계존·비속과 배우자가 그러한 형의 선고를 받아 확정된 경우에도 마찬가지다. 이들과 당선인에게는 연대책임을 묻기 때문이다. 선거범죄를 범하여 100만 원 이상의 벌금형만 확정되어도 최소한 5년 이상 공무담임권의 행사에 제한을 받는다.

공직선거법과 정치자금법의 규정을 위반한 사람을 신고한 공익신고자에게는 중앙선거관리위원회에서 최고 5억 원까지 포상금을 지급하고, 해당 신고로 인하여 당선무효가 확정되면 포상금을 추가로 지급하기도 한다. 각종 선거의 선거관계자들과 자원봉사자들이 관련 법령의 이해 및 숙지에 관심을 기울여야 하는 또 하나의 이유가 여기에 있다.

선거범죄를 저질러 형벌 또는 과태료의 제재를 받는 사례 중 상당수는 관련 법령의 규정을 제대로 이해하지 못하거나 숙지하지 못하기 때문이다. 관련 법령의 규정이 방대하기도 하거니와 수년 동안 시행되는 과정에서 법령 조문들의 신설 및 개정과 폐지가 빈번한 결과 매우 복잡한 구조를 이루고 있다.

3) 선거 출마와 선거 비용의 문제

선거권과 피선거권에 대한 규정

누구나 선거에 출마할 수 있을까? 그렇다. 누구나 선거에 출마할 수 있는 피선거권을 갖지만, 법률로 규정한 조건을 충족해야 하고, 자격 상실에 해당하는, 범법에 따른 양형을 받지 않은 상태여야 한다.

"모든 국민은 법률이 정하는 바에 의하여 공무담임권을 가진다."

대한민국 헌법 제25조의 규정이다. 공무담임권은 공적 업무를 맡을 수 있는 권리로, 시험을 통해 뽑히는 공무원뿐 아니라 대통령과 의원, 자치단체장 등과 같이 선거를 통해 뽑히는 선출직 공무원을 포함한다. 이 조항은 모든 국민이 시민의 대표가 될 수 있다는 피선거권을 규정한 조항이다. 단, 법률이 정하는 바에 따라 피선거권을 가질 수 있고, 구체적인 내용은 공직선거법에 명시되어 있다.

공직선거법은 선거권제15조과 피선거권제16조을 갖는 조건을 규정해놓았을 뿐 아니라 선거권이 없는 자제18조와 피선거권이 없는 자제19조도 함께 규정해놓고 있다. 이 중에서 피선거권 규정만 살펴보면, 대통령선거일 현재 5년 이상 국내에 거주하고 있는 만 40세 이상 국민을 제외한 모든 선출직은 25세 이상이면 출마할 수 있다. 그런데 지방의회나 지방자치단체장의 경우는 선거일 기준으로 60일 이상 해당 지역에 거주하고 있어야 한다공직선거법 제16조 3항. 다시 말해, 선거일 60일 이전에 주민등록이 되어 있어야 해당 지역의 지방의회나 지방자치단체장으로 출마할 수 있다.

피선거권이 없는 자에 대한 규정을 살펴보면, 선거권이 없는 자 중에서 금치산 선고를 받은 자, 선거범, 법원의 판결 또는 다른 법률에 의해 선거

2014년 서울시 청년기본조례 제정을
위한 공청회

토론회

권이 정지 또는 상실된 자는 피선거권이 없다. 그리고 금고 이상의 형을 선고받고 그 형이 종결되지 않은 사람, 법원의 판결 또는 다른 법률에 의해 피선거권이 정지되거나 상실된 자도 피선거권이 없다.

또, 형이 집행되는 기간만이 아니라 형 집행이 종료되고도 몇 년 동안 피선거권을 행사할 수 없도록 하고 있는데 국회법 제166조_{국회 회의 방해죄}를 위반해 500만 원 이상의 벌금형을 받은 사람은 그 형이 확정된 후 5년이 지나기 전에, 그리고 집행유예나 징역형의 경우에는 형이 확정된 후 10년이 지나기 전까지는 피선거권을 행사할 수 없다. 그리고 공직선거법 제230조_{매수 및 이해유도죄}를 위반해 벌금형을 선고받은 사람 또한 형이 확정된 후 10년 동안은 피선거권을 행사할 수 없다.

선거에 지금 출마한다면

선거 출마의 첫 번째 관문은 바로 '기탁금'이다. 공직선거법에서 규정하고 있는 피선거권과 피선거권이 없는 자의 규정을 충족한 이후에 또 하나의 조건을 충족해야 하는데, 공직선거법 제56조에 따라 기탁금을 내야 후보로 인정된다. 기탁금은 대통령 선거 출마는 3억 원, 지역구 국회의원 선거 출마는 1,500만 원, 비례대표 국회의원 선거 출마는 500만 원, 광역단체장 선거 출마는 5,000만 원, 기초단체장 선거 출마는 1,000만 원, 광역의회 선거 출마는 300만 원, 기초의회 선거 출마는 200만 원을 내야 후보로 등록된다.

그런데 기탁금은 왜 필요한 걸까? 후보자 난립을 방지하고 선거에 대한 성실성을 담보하기 위해 만들어진 것으로 알고 있지만, 어떤 기준으로 이런 금액이 산정되었는지는 명확하지 않다. 2015년 녹색당이 국회의원 후보 기탁금이 헌법이 보장하는 피선거권을 제한한다며 헌법소원을 제기했을 때, 헌법재판소는 비례대표 국회의원 후보 기탁금에 대해서만 헌법불합치 결정을 내리고, 지역구 기탁금에 대해서는 "일반 노동자가 평균적으로 몇 개월만 모으면 되는 돈"이라며 기각 결정을 내렸다. 과연 지금 노동자들, 특히 여성이나 청년 노동자들이 몇 개월만 일하면 1,500만 원을 모을 수 있을지 의문이다.

그렇다면 다른 나라는 어떨까? 미국을 비롯하여 주요 서유럽 국가들은 기탁금 제도가 없다. 영국과 캐나다, 뉴질랜드 등에는 기탁금 제도가 있지만, 국회의원 후보 기탁금 액수가 100만 원 미만에 불과하다. 우리처럼 고액의 기탁금을 요구하는 국가는 일본뿐이다. 일본 국회의원 후보의 기탁금은 300만 엔약 3,200만 원이다.

현행 기탁금은 누군가에게는 대수롭지 않은 금액일 수 있고, 더구나 현직 국회의원이나 지자체장이라면 후원금을 통해 기탁금 정도는 충분히 모을 수 있을 것이다. 하지만 이제 정치를 시작하려고 하는 사람들, 특히 여성과 청년에게는 부담스러운 금액이다. 거대 양당 소속이 아닌 미니 정당 소속이나 무소속으로 출마하려는 정치 신인이나 청년 정치인으로서는 출마를 결심하는 데 있어 기탁금부터 장벽으로 작용한다.

공직선거법 제57조는 '기탁금 반환' 규정을 담고 있는데, 비례대표 후보를 제외한 후보자들은 선거에 참여한 전체 투표율에서 15% 이상을 득표해야 기탁금 전액을 돌려받을 수 있다. 그리고 10% 이상 15% 미만을 득표한 경우에는 기탁금의 절반을 돌려받는다. 이에 해당하지 않는 후보에게는 아무것도 남지 않는다. 기탁금뿐 아니라 선거운동 비용에 대한 보전도 같은 기준에 따라 이뤄지는데, 이로 인해 미니 정당 소속이나 무소속 후보들, 특히 자산 능력이 없는 여성이나 청년 후보들은 선거가 끝나면 빚더미에 앉게 마련이다. 그 빚을 감당하노라면 정치에서 멀어질 수밖에 없다.

정치인의 꿈을 시작하기에 좋은 기초의회

사실 정치 신인이나 여성, 청년 정치 지망생이 정치 경험을 쌓고 정치력을 키우는 데는 기초의회가 가장 좋다. 기초의회는 시민들을 직접 만나고 지역의 문제를 해결하며 의회정치를 학습하고 실력을 쌓을 수 있는 가장 좋은 정치 활동 공간이다. 그렇다면 기초의회에 대한 문턱을 낮추는 의미로 기초의회 출마부터 기탁금을 폐지하면 어떨까?

한 청년 정치인이 열정과 패기 하나로 선거판에 뛰어들어 겪은 일화는

'선거와 돈' 문제를 국회 차원에서 다루어 개선해야 할 필요성을 절실하게 제기한다.

선거는 끝났고, 비록 졌지만, 후회는 없다고 했다. 하지만 현실의 대한민국 정치판은 청년의 패기만으로 감당하기 힘들었다. 그의 나이 스물일곱의 청년, 그야말로 청년을 대변하기 위해 지방선거에 뛰어든 그의 여정은 눈물겹다. 선거를 치르면서 가장 힘들었던 건 '어린놈이 권력욕에 눈이 멀어 정치에 발을 들인 게 아니냐'며 삐딱한 시선으로 바라보는 어른들의 억측이었다. 너무 괴로워서 포기하려고도 했지만, '88만 원 세대'가 처한 벼랑 끝 현실을 타개해야 한다는 생각에 참고 견뎠다.

그는 대학 재학 내내 아르바이트를 하면서도 등록금과 용돈 걱정에 허덕이고, 졸업 후엔 88만 원을 받고 생계난에 시달려야 하는 청년들이 사람답게 살 수 있는 돌파구를 정치를 통해 찾고 싶었다. 기성세대는 이 같은 청년 문제의 심각성에 공감하면서도 해결책을 제시하지는 못했다. 표를 얻느라 선거 때만 관심을 가진 척했지, 진심으로 귀 기울여 듣고 문제를 해결하려고 계속해서 노력하는 기성 정치인은 아무도 없었다.

그래서 청년의 문제는 청년이 직접 나서는 수밖에 없다고 판단했다. 그는 선거를 치르기 위해 1년여 전부터 아르바이트로 돈을 모으기 시작했다. 얼마 되지 않는 돈이지만, 젊음을 밑천 삼아 패기로 이겨내리라 다짐했다. 하지만 선거는 생각처럼 녹록지 않았다. 공탁금에 공보물 제작비용까지 무슨 돈이 그렇게 많이 드는지, 그동안 돈 없는 20대들이 왜 정치에 뛰어들지 못했는지 피부로 느낄 수 있었다.

그렇지만 득표율 15%만 달성하면 선거자금을 보전 받을 수 있는 점을 의식해 흥청망청 홍보물을 찍어내는 후보들과 똑같이 하기는 싫었다.

벽보 디자인은 전문 업체가 아닌 캠프에서 직접 만들고, 공보물도 꼭 전달하고 싶은 내용만 담아 4쪽으로 압축하는 등 비용 절감에 안간힘을 썼다. 그 결과 전문 업체에 맡기면 벽보 300장을 제작하는 데 200만 원 드는 것을 14만 원으로 줄였고, 1,000만 원이 넘게 소요된다는 공보물 7만여 장을 만드는 데 280만 원만 썼다. 그가 그렇게 해서 선거운동 기간에 쓴 돈은 약 3,100만 원. 그는 비록 낙선했지만 3,000만 원으로도 충분히 선거를 치를 수 있다는 것을 젊은 정치 지망생들에게 보여준 데 의미가 있다고 했다.

선거비용 산정과 선거비용 공영제에 따른 보전

우리나라는 선거운동의 과열과 금권선거 방지를 위해 각 공직선거 때마다 선거관리위원회가 선거비용 한도액을 발표하는데, 이를 '법정선거비용'이라 한다. 선거비용이란 공식 선거운동 기간에 선전 벽보 및 선거 홍보물 작성, 후보자 방송 연설, 신문 및 방송 광고, 공개장소 연설 등에 들어가는 비용을 말한다.

또, 선거법에 위반되는 선거운동을 위하여 지출한 비용과 기부행위 제한 규정을 위반하여 지출한 비용 등 불법적으로 지출한 비용도 모두 선거비용에 포함시킨다. 그러나 정당의 후보자 선출대회 비용 등 정당 활동에 소요되는 비용, 선거관리위원회에 납부하는 기탁금, 선거사무소 등 설치 및 유지비용 등은 선거비용에 해당되지 않는다.

우리나라는 선거운동의 과열과 금권선거를 방지하고, 후보자 간의 경제력 차이에 따른 선거운동 기회의 불균등을 완화하며, 선거비용의 과다 사용으로 발생할 수 있는 물가상승 등 부작용을 최소화하기 위하여 선거관리위원회가 선거 때마다 산정·공고한 범위 내에서 선거비용을 사용하도록 제한하고 있다. 중앙선거관리위원회는 선거별로 허용되는 선거운동 방법에 소요되는 비용 등을 감안하여 선거비용 제한액을 총액으로 산정하여 선거기간 개시일 전 10일까지 공고한다.

선거비용 제한액을 산정하는 때는 전국소비자물가변동률통계법 제3조의 규정에 따라 통계청장이 매년 고시하는 전국 소비자물가변동률을 감안하여 증감할 수 있다. 이 경우 그 제한액 산정 비율은 관할 선거구 선거관리위원회가 해당 선거 때마다 정한다. 법정선거비용을 0.5% 이상 초과 지출한 사유로 징역형이나 300만 원 이상의 벌금형을 선고받으면 당선인의 당선이 무효 처리된다.

선거법은 돈이 없어도 유능한 인재라면 공직선거에 입후보하여 당선

될 수 있도록 일정 비율 이상을 득표한 후보자에게는 선거일 후에 선거 비용을 보전해 주는 선거비용 공영제를 채택하고 있다. 국가 또는 지방 자치단체지방선거에 한함가 보전하는 금액은 선거비용 제한액으로 공고된 비용의 범위 안에서 선거비용의 수입과 지출보고서에 보고된 선거비용으로서 정당하게 지출한 것으로 인정되는 선거비용에 한하며, 후보자의 청구를 받아 다음 조건에 따라 선거일 후 보전하여 준다.

후보자가 당선되거나 사망한 경우 또는 후보자의 득표수가 유효투표 총수의 15% 이상인 경우 전액, 후보자의 득표수가 유효투표 총수의 10~15%인 경우 후보자가 지출한 선거비용의 50%를 보전해준다. 또, 비례대표 국회의원 선거 및 비례대표 시도의원 선거의 경우, 후보자 명부에 올라 있는 후보자 중 당선인이 있는 경우 당해 정당이 지출한 선거비용의 전액을 보전해준다.

보전의 대상이 되는 선거비용에는 선거사무원 등 수당, 벽보 · 공보 · 소형인쇄물 작성비용, 신문 · 방송 광고비용, 방송 연설비용, 합동연설회 비용, 공개 장소에서의 연설 · 대담 비용, 투 · 개표 참관인 수당 등에 소요되는 비용이 포함된다.

[선거비용 제한액 산정 방법]

1. 대통령선거 : 인구수×950원

2. 지역구국회의원선거

 : 1억원 + (인구수×200원) + (읍·면·동 수×200만원)

 ‣ 이 경우 하나의 국회의원지역구가 둘 이상의 자치구, 시, 군으로 된
  경우에는 하나를 초과하는 자치구, 시, 군마다 1천5백만원 가산

3. 비례대표국회의원선거 : 인구 수× 90원

4. 지역구시·도의원선거 : 4천만원 + (인구 수×100원)

5. 비례대표시·도의원선거 : 4천만원 + (인구 수×50원)

6. 시·도지사선거

 가. 특별시장·광역시장 선거

 : 4억원(인구 수 200만 미만인 때에는 2억원) + (인구 수×300원)

 나. 도지사 선거

 : 8억원(인구 수 100만 미만인 때에는 3억원) + (인구 수×250원)

7. 지역구자치구·시·군의원 선거

 : 3천5백만원 + (인구 수×100원)

8. 비례대표자치구·시·군의원 선거

 : 3천5백만원 + (인구 수×50원)

9. 자치구·시·군의 장 선거

 : 9천만원 + (인구 수×200원) + (읍·면·동 수×100만 원)

4) 조직을 결성하고 운영하는 노하우

선거에서 조직은 선거의 기반인 동시에 소속정당과 후보를 위해 작동
하는 기계다. 또 조직은 가장 확실한 고정표이고, 소속정당과 후보자 자

신의 기반이다.

선거조직은 선거의 규모와 열기에 따라 다양한 모습을 갖는데, 선거활동이 단기간에 급격히 확대됨에 따라 조직도 단시일에 확대된다.

선거조직 결성의 원칙

선거조직은 소수 정예로 하는 것이 효율적이며, 의리나 끈끈한 연줄로 맺어지는 조직을 만들어야 한다. 성실, 책임, 사명감이 투철하며 활동력이 있는 사람으로 구성되어야 하며, 여성 조직을 잘 꾸려야 한다. 참모진의 수는 적을수록 좋으며5명 내외, 선거 경험이 풍부하고, 성실하며, 조직 관리 능력이 있는 인물이 적임자다.

선거조직의 효율적 운영

선거조직은 선거의 규모와 열기에 따라 다양한 모습을 갖게 되는데, 선거활동이 단기간에 급격히 확대됨에 따라 조직도 단시일에 확대된다. 이때 선거전선을 확대해가기 위해서는 경직된 조직이 아니라 유연한 조직이어야 한다.

선거조직의 상층부가 지위나 권위에 집착하게 되면 그 조직은 그만큼 경직될 수밖에 없다.

이런 점에서 선거조직은 종적 구도보다는 횡적 구도로 짜여야 한다.

이것은 선거운동 도중에 조직의 어느 한 부서나 그 부서의 책임자가 자리를 비워도 신속하게 대체할 수 있도록 하기 위한 것이다.

최적의 선거사무소 확보

선거조직의 거점은 선거사무소다. 선거사무소는 선거 전략에 따라 선정하되 다음의 사항이 고려되어야 한다.

첫째, 후보나 운동원들이 최단시간에 선거구 전역을 돌아다니며 활동할 수 있는 선거구 중심부에 위치해야 한다.

둘째, 선거사무소는 정당과 후보에 대한 선전구호 등이 부착된다는 점에서 유권자들의 눈에 잘 띄는 위치의 건물이어야 한다.

셋째, 어느 지역에서 어떤 유형의 유권자를 공략하는 것이 도움이 되느냐 하는 점이 고려되어야 한다.

넷째, 전체 선거자금의 범위 안에서 임대료를 책정하고, 특히 도시의 경우 주차장 시설이 구비되어야 한다.

선거사무소는 처음에는 후보와 2~3명의 비서 및 사무원으로 출발하지만, 곧 수십 명을 넘게 된다. 이 점까지 고려하여 규모를 물색해야 한다. 한편 선거사무소는 시간이 갈수록 비대해지기 마련인데 비대해진 조직을 효율적으로 운영하기 위해서는 우선 지휘계통을 확립하여 각 부서의 책임 범위와 책임자를 선정해야 한다.

공조직과 사조직의 역할과 차이

선거 조직은 크게 공조직과 사조직으로 나뉜다. 여기서 공조직은 정당 조직을 말하는데, 정당 공천을 받은 후보자는 바로 이 공조직을 이용할 수 있으므로 선거전에서 유리하다.

공조직은 체계적일뿐더러 오랜 선거 경험으로 인한 조직적인 선거운동, 선거구민에 대한 성향 파악, 풍부한 선거 인력 등 사조직이 따르지 못하는 많은 강점이 있어서 잘만 운영하면 선거에 가장 강력한 힘을 발휘할 수 있는 조직이다. 그러나 정치 신인 후보자라면 공천 과정의 여파로 일부 조직의 반발이 따를 수 있고, 여기에 사조직과의 접목에 따른 불협화음이 나타날 소지가 있는 등 해결해야 할 문제점도 만만치 않다.

공조직은 사조직보다 운영비가 많이 든다는 단점을 지적하기도 하지만, 꼭 그런 것만은 아니다. 오히려 선거자금의 '배달 사고'는 공조직보다 사조직에서 더 흔히 일어나기 때문이다. 무엇보다 공조직에는 선거 현장 경험이 풍부한 베테랑이 많은 데 반해 사조직에는 이론만 빠삭하고 선거가 뭔지도 모르는 얼치기가 많은데, 선거에서 대형 사고는 대개 얼치기가 일으킨다는 사실이다.

특히, 무소속 출마자는 사조직으로만 선거를 치를 수밖에 없으므로 사조직을 잘 활용하여 공조직의 기능까지 포괄할 수 있도록 해야 한다.

이처럼 공조직과 사조직은 각각 장·단점이 서로 보완 관계에 있다고 볼 수 있으므로 양 조직을 효율적으로 조정하여 힘이 배가되도록 해야 한다. 만약 그러지 못하면 양 조직 간에 갈등과 알력이 생겨 결국 서로 표를 깎아먹기도 한다.

따라서 대외 활동은 주로 공조직이 맡는 한편, 사조직은 될 수 있는 대로 드러나지 않게 윤활유 역할을 하는 것이 좋다. 프로야구로 치면, 공조직은 운동장을 누비는 선수단이고 사조직은 뒤에서 선수단을 받쳐주는 프런트라고 할 수 있다.

정당 공천 후보자라면 기존 당 조직의 개편, 정비, 보강 등을 통해 공조직을 보완하거나 새로이 당원을 늘리는 당원 배가 운동을 전개하는 한편, 당원을 자원봉사자로 적절히 활용하는 계획을 세운다.

무소속 후보자라면, 사조직으로만 선거를 치러야 하므로 일찍부터 조직에 착수해야 한다. 공천을 기대하는 가운데 손 놓고 있다가 나중에야 무소속으로 출마하는 경우에는 급하게 조직을 꾸리려 하지만 시간이 촉박한 데다가 사람을 구하기 어려워 낭패를 보기 십상이다. 그러므로 평소에 출마 의사를 가진 사람은 미리부터 자기 주변을 중심으로 탄탄한 사조직 기반을 구축하고 있어야 오히려 공천에도 유리하다.

선거운동은 자원봉사 조직에 달려

자원봉사자는 후보자가 소속된 정당의 당원이든 아니든 돈을 받지 않고 선거운동에 참여하는 사람을 말한다. 유급 선거운동원은 극소수에 불과하므로 선거운동은 결국 자원봉사자 활동에 좌우된다. 그렇다고 자원봉사자가 아무것도 기대하지 않는 것은 아니다.

자원봉사자는 소중한 시간을 투입하여 실질적인 보람과 만족감을 얻고자 하는데, 자원봉사자의 목표와 동기는 연령·성별·직업 등 개인 특성에 따라 저마다 다르다. 자원봉사자에게는 수당은 물론 식사비, 교통비 등 어떠한 형태의 실비도 제공할 수 없으므로, 아르바이트 형식을 원하는 대학생 등 청년·부녀층의 선거운동원 확보가 여의치 않다.

따라서 진정으로 자신이 지지하는 후보자를 위해 자발적으로 봉사에 참여할 수 있도록 설득하는 동시에, 이들에게 물질적인 대가 대신에 정신적인 보상을 줄 방안을 고민할 필요가 있다.

자원봉사자의 수가 많을수록 일단 선거에 유리한 만큼 후보자 간에 치열한 확보 경쟁이 벌어질 수밖에 없다. 그러나 실제로 자원봉사자를 모집하기란 여간 어렵지가 않다. 더구나 무보수이기 때문에 유능한 자원봉사자 확보가 더욱 어렵다. 그래서 후보자의 가족이나 친척, 학교 동창 등이 자원봉사자의 주류를 이룰 수밖에 없다.

하지만 지인들만으로는 선거를 치를 수가 없는 만큼, 당원을 비롯하여 후보자의 인물이나 덕망 그리고 정치 이념에 동조하거나 따르는 청년층과 후보자가 소속된 종교 단체, 직능·자생 단체, 친목계 등에서 자원봉사자를 발굴하여 육성할 필요가 있다. 특히 자원봉사 조직은 어느 한 편에 치우치지 않고 성별·연령별·직업별로 고르게 구성되어야 선거운동의 효율을 극대화할 수 있다.

자원봉사자를 모집한 후에는 이들이 자긍심과 사명감을 가질 수 있도록 교육하고, 후보자의 출마 동기와 명분, 후보자의 신상 자료 및 각종 홍보물, 선거운동의 내용 및 일정, 효과적인 선거운동 방법과 전략, 임무 등을 숙지하도록 한다. 그리고 과거 자원봉사자로서의 경력, 특기나 기술, 대인 관계, 선거운동에 관한 성실도와 관심도, 그리고 본인의 의견을 참고하여 적재적소에 배치하고 임무를 부여한다.

자원봉사자는 우선 후보의 가족, 정당의 열성 당원, 후보와 정당 책임자, 선거대책본부 요원 등의 개인 연고를 통해 모집한다. 여기서 범위를 확대하여 종교 신도, 학교 동창, 각종 모임의 회원, 대학생 등 가능한 모든 범위로 확대하여 충원한다.

자원봉사자가 할 수 있는 일은 전화홍보를 비롯하여 인터뷰 여론조사, 인쇄물 배포, 도보 행진 수행, 통계자료 조사, 유권자명부 정리, 투·개표 참관, 거리홍보 수행, 서류 정리, 선거사무실 방문 유권자 접대, 자원봉사자 모집, 사이버팀 활동 등 무수히 많다.

자원봉사자를 대하는 자세

자원봉사자는 물질적 대가 없이 자신의 시간과 서비스를 자발적으로 제공하는 사람이므로, 그에 따른 보람과 긍지를 가질 수 있도록 다음과 같이 세심한 배려로 대해야 한다.

첫째, 자원봉사자에 대해 진심으로 고마운 마음의 표시를 해야 한다. 이러한 인사는 후보자나 선대본부장이 매일 일정한 시간에 직접 만나서 하는 것이 효과적이다. 적어도 후보가 자원봉사자를 주마다 한두 번은 만나 고충을 듣고 업무처리 관련 생각을 후보에게 말하도록 한다.

둘째, 업무는 손쉽고 구체적인 내용으로 즉시 실행할 수 있는 것을 맡겨야 한다. 막연하거나 복잡한 일은 할 수도 없거니와 하려고 하지도 않는다.

셋째, 자원봉사자가 할 일의 내용에 대해 사전에 일정한 교육이 필요하다. 그래야 같은 요원들끼리 비슷한 수준에서 일할 수 있게 된다. 만일 어느 요원이 업무에 현저히 미숙하다는 생각을 하게 되면 그는 떠나버리게 될 것이다.

넷째, 자원봉사자가 일을 잘못하거나 미숙한 경우라도 절대 불쾌하게 대하거나 잘하는 사람과 비교해서는 안 된다.

다섯째, 한꺼번에 많은 일을 맡기지 말아야 한다. 업무량이 너무 과도하면 처음부터 질려버리게 된다.

여섯째, 자원봉사자에게 꼭 필요한 존재라는 인식과 봉사에 대한 자긍심을 갖도록 해주어야 한다. 이를 위해서는 선거운동의 진행 상황을 설명해주고 앞으로의 계획도 알게 하여 주인의식을 심어 주어야 한다.

후보자는 가능한 한 자원봉사자와 함께하는 시간을 많이 갖도록 해야 한다. 항상 감사한 마음을 가지고 표현해야 하며, 자원봉사자의 말에 귀를 기울여야 한다. 그리고 자원봉사자의 개인적인 문제나 집안 사정 등에도 관심을 보여야 하고, 일하는 보람을 느끼도록 한다. 특히 선거가 끝난 후에도 자원봉사자에 대한 관심의 끈을 놓지 말아야 한다.

자원봉사자는 선거운동 기간에 소외감이 들 때, 선거가 패하고 있다는 느낌이 들 때, 일이 너무 과다하거나 완전히 이용당한다는 느낌이 들 때, 일에 재미가 없을 때, 가족과의 갈등이 있을 때, 인정받지 못한다고 느낄 때, 내부의 갈등이 있을 때, 명령받는다고 느낄 때 떠나고 싶어한다는 사실을 명심해야 한다.

2018년 개헌과 분권과제 국회토론회

03 홍보를 위한 노하우

1) 차별성 있는 홍보

선거는 대중이 공직자나 대표자를 선출하는 의사결정 절차다. 정치 캠페인에서 유권자는 후보자의 성향, 가치관, 역량 등을 판단하게 된다. 후보자가 선거에 승리하기 위해선 유권자에게 타 후보보다 자신을 더 잘 홍보하는 차별화된 선거 캠페인 전략이 있어야 한다.

유권자가 어떠한 면을 보고 후보자를 결정하는지 결정요인을 잘 파악하여 그에 맞는 대응을 하는 것은 중요하다. 그러므로 많은 후보자는 정치 캠페인 전략을 통해 자신의 이력과 능력, 이미지를 유권자에게 더 효율적으로 보여주고자 한다.

이러한 전략이 정치 커뮤니케이션의 한 방법이자 필요한 수단이다. 미국의 정치학자 라스웰은 '정치 목표를 합리화하는 수단으로서 커뮤니케이션' 의 중요성에 대하여, 현대의 정치는 커뮤니케이션과 불가분의 관계에 있다고 강조한다.

오늘날 선거에서는 '입후보자도 하나의 상품' 이라는 인식으로 더 과학적인 선거운동과 정치 광고가 필요하다. 따라서 이색적인 정치 캠페인 전략으로 더 친근한 이미지로 유권자에게 접근하려는 기법이 필요하다.

최근 정치 캠페인의 광고홍보 흐름은 선거에 관심이 없는 청년층과 노년층까지도 많은 관심을 가질 수 있도록 선거 전략을 전개하고 있다. 이런 선거 전략은 시대 흐름에 따라 기본 영상매체, 인터넷, SNS 등의 새로운 매체를 이용한 선거홍보가 많아지면서 네티즌, 유권자의 정치적인 면에서 자발적 참여가 높아지고 있다.

이러한 가운데 유권자가 후보자를 선택하는 데 중요한 역할을 하는 것이 바로 이색적이고 창의적인 정치 광고홍보 전략이다. 이 전략이

2017년 11월 주민공동체 이용시설 초록빛휘경마을 개관식

바로 메시지와 이미지로 현실 속에 담긴 이야기를 사용하고 있다.

21세기형 새로운 선거운동, 과학적 선거운동을 원한다면 2012년 미국의 오바마 캠프의 선거 전략에 주목할 필요가 있다. 오바마 캠프의 총지휘자 짐 메시나는 2012년의 대선운동이 지금까지의 대선운동을 모두 석기시대의 것으로 만들어버릴 것이라고 했다.

미국의 제44대 대통령 오바마의 인터넷 선거혁명은 다른 후보와의 차별성에서 주목할 만하다. 무명의 정치인을 대통령으로 만들고 또 재선까지 하게 한 오바마 캠프의 선거운동 비결은 무엇일까? 오바마를 대통령으로 만든 2008년 인터넷 선거혁명이 2012년에는 더욱 진화시킨 버전으로 진행되었다.

2008년 오바마 캠프의 총지휘자 마셜간즈는 "선거운동에서 중요한 건 인터넷이 아니며, 인터넷은 단지 도구일 뿐"이라고 강조한다.

이 도구를 사용할 줄 아는 실력 있고 헌신적인 목수가 필요하며, 목수는 집의 구조조직를 결정한다고 말한다. 오바마 캠프의 선거운동의 성공 비결은 두 가지다.

첫째는 유권자의 개별적 특성에 접근하는 마이크로 타깃팅이다. 선거에서 마이크로 타깃팅은 데이터의 사용을 의미하는데, 개인에 대한 다

양한 특성들을 데이터화하여 유권자 개개인에게 맞춤형 메시지를 보낼
수 있다.

청량리 다일공동체 '밥퍼' 자원봉사

둘째는 인터넷과 풀뿌리 조직과의 결합이다. 아무리 많은 사람이 인터
넷으로 동원되더라도 유권자의 득표 수를 늘리지 못하면 아무 소용이 없
다. 오바마 캠프에서는 2008년 선거가 끝난 직후 개개인에 맞도록 구축
한 여러 데이터베이스를 하나로 통합하는데 심혈을 기울였다. 그리고
2012년 선거에는 지지자를 지역 모임에 연결하여 자발적 참여를 끌어냈
다. 특히 SNS가 발달된 현재의 상황에서는 스마트폰과 결합하면 엄청난
효과를 발휘할 수 있다.

2) 정치자금과 선거자금의 투명성

자유로운 선거운동이 실현되고 후보자의 활발한 정치적 활동을 위해 서 필요한 정치자금은 정치 영역에서 윤활유 역할을 하지만, 한편으로는 부패 및 선거부정 문제와 깊은 관련성을 맺고 있어 규제의 대상으로 삼고 있다. 대부분의 민주주의 국가에서는 정치자금의 필요성을 인정하면 서 투명성과 공정성 유지를 위한 제도를 마련하고 있다.

우리나라 역시 정치자금에 관한 제반 규정을 담은 정치자금법을 두고 있는데, 제1조에 목적을 천명하고 있다.

"이 법은 정치자금의 적정한 제공을 보장하고 그 수입과 지출 내역을 공개하여 투명성을 확보하며 정치자금과 관련한 부정을 방지함으로써 민주정치의 건전한 발전에 기여함을 목적으로 한다."

그러나 투명하고 공정한 정치 활동의 보장과 국민의 알 권리 보장이라 는 측면에서 정치자금 공개를 규정하고 있는 현재의 정치자금법은 현실 정치의 영역에서 그 목적을 달성하기 쉽지 않다. 무엇보다 유권자로서는 현행 정치자금 운영과 관련하여 정치권의 활동과 내용을 파악하기 어려 우므로 이를 공개하여 투명성을 높여야 한다는 요구가 커지고 있다. 2006년 폐지된 정당 후원회 제도가 2015년 12월 헌법재판소 판결에 따라 다시 허용되면서 정당중앙당은 연간 50억 원, 공직선거가 있는 해에는 2

배까지 모금할 수 있게 된 상황에서 정치자금에 대한 효과적인 통제와 공개방안 마련이 필요하다.

이런 필요성은 선진국의 사례와 비교할 때 더욱 두드러진다. 미국이나 영국은 정치자금의 유입이 상대적으로 자유로운 데 반해 사후의 투명한 지출 정보 공개에 따라 그 검증이 매우 엄격하고 철저하다. 인터넷을 통해 정치자금의 검색, 분류, 다운로드가 가능하도록 하는 것을 보면, 우리의 현행 정치자금 관련 규정은 시대에 뒤떨어졌다고 할 수 있다.

정치자금의 공개와 관련하여 현행 정치자금법의 문제점은 이의 공개 시기가 지나치게 늦어 정보의 개방성과 활용도가 크게 떨어진다는 점이다. 선거가 있지 않은 연도에는 정당이나 국회의원의 정치자금 회계 보고 신고 마감일이 회계연도 이듬해 2월이나 1월로 되어 있어 정치자금에 대한 정보 공개가 최대 1년 이상 소요되기도 한다.

선거 자금과 관련해서도 선거 후 30일 이상대통령 선거 및 비례대표 국회의원 선거는 40일이 지나서야 공개된다는 점에서 실효성이 떨어진다. 정치자금의 수입과 지출에 대한 정보가 유권자 선택에 중요한 정보라는 점에서 이는 심각한 문제다. 더불어 현행 정치자금법은 시민의 접근성이라는 측면에서 문제점을 안고 있다. 규정을 보면 잘 알 수 있지만, 각 세부조항의 내용은 실제 정치자금에 관한 투명한 공개를 저해하고 있는 독소조항들로 이뤄져 있다.

[한국과 미국의 정치자금 공개제도의 비교]

구분		한국	미국
공개 여부		O	O

공개
범위
	수입	· 재산 상황
		· 수입총액과 내역
		· 기부자 기본인적사항과 금액
		  (1회 30만 원, 연간 300만 원 초과)
		· 그 이하 금액은 건수와 총액
			· 재산 상황
			· 수입총액과 내역
			· 기부자 인적사항(기본정보 외에
			  직업과 고용주)과 금액(200달러 이상)
			· 기부자, 기부일자, 기부금액지출

	지출	· 지출총액과 상세 내역(일자/금액/목적) · 지출대상이 되는 사람의 기본인적사항	· 지출총액과 상세 내역(일자/금액/목적) · 지출대상이 되는 사람의 기본인적사항

신고
시기
	평시	· 연간 1회
		  (정당 2월 15일, 국회의원 1월 31일)
			· 분기별
			  (4월/7월/10월 15일, 1월 31일)

	선거
	시
		· 선거 30일 후
		  (선거 후 20일까지의 신고사항)
			· 선거 12일 전
			  (선거 20일 전까지의 신고사항)
			· 수령 후 48시간 이내
			  (선거일 20일 전부터 48시간 전까지)
			· 선거 30일 후
			  (선거 후 20일까지의 보고사항)

공개 시기		· 제출일로부터 7일 이내	· 제출 후 48시간 이내 (전자 파일 수령의 경우 24시간 이내)
공개 기간		· 회계보고 마감일 후 3개월	· 제출일로부터 3년

열람 방법		· 관할 선관위 사무소 방문 열람
		  - 선관위 홈페이지
		    (공개 가능, 강제 규정 아님)
		  - 사본 교부는 관할 선관위에
		    서면 신청 (비용은 자기부담)
			· 인터넷 열람
			  (FEC 웹사이트: 검색, 분류, 다운로드
			  가능)

3) 지방선거 SNS 홍보 전략

다양한 온라인 홍보 매체를 어떻게 활용할 것인가?

지방선거 후보자들이 가장 고민하는 부분일 것이다. 온라인과 SNS에서 후보자 홍보를 하기 위한 기본적인 플랫폼들에 대한 이해를 돕기 위해 간략한 매체별 특성을 정리해보는 것도 도움이 될 것이다. 무엇보다먼저 포털사이트 검색화면에 후보자 이름을 치면 정보가 검색되도록 네이버나 다음 인물검색 등록 작업을 하는 것이 급선무다.

2022년 지방선거 출마를 준비하는 정치인이라면 가장 우선 처리해야 할 일이다. 어떻게 하면 블로그, 트위터, 카카오, 페이스북 등 SNS 활동으로 후보자의 검색 순위를 상위에 올려놓을 수 있을지 간략히 정리한다.

블로그

블로그 운영에서 가장 중요한 점은 키워드 검색을 통해 특정 검색어에 맞춰 후보자의 강점을 부각하고 상대 후보의 단점을 드러내는 양수겸장의 전략에 입각해야 한다는 것이다. 무엇보다 검색화면 상위에 놓여서 많은 사람이 후보자 블로그에 접근할 수 있도록 운영해야 한다.

상당수 후보자 블로그는 특정 검색어로 검색했을 때 걸리지 않는 경우가 대부분이다. 운영을 위한 보여주기식 운영에 그치는 경우가 많다.

포털사이트에 널린 수많은 문서 중에 검색화면 상위에 놓여서 검색자들의 검색어에 걸리는 문서들이 실제 몇 장 안 된다는 것은 인지해야 한다. 특정 로직에 의거해 문서의 수준을 높여야만 이런 식의 운영이 가능하다.

트위터

이제 영향력이 현저히 줄었지만, 여전히 유효한 부분이 남아있다. 트위터 자체로서의 생명력은 거의 없지만, 블로그 게시글의 링크를 타고 들어가서 특정 블로그 게시물의 조회수를 늘리는 데는 여전히 유용하다. 또 트위터 군단들을 양성하여 네트워크망을 구성해놓을 수만 있다면 손쉽게 특정 게시물을 검색순위 상위에 올려놓을 수 있다.

트위터는 인지도를 높이는 도구라기보다는 나중에 치열한 선거전이 펼쳐질 때 상대 후보 죽이기에 방점을 찍는 용도로 사용할 때 그 진가를 발휘할 수 있다.

페이스북, 카카오스토리, 인스타그램

　꾸준히 운영하면서 외연을 넓혀나가기에는 여전히 의미 있는 미디어다. 하지만 유권자에게 부담을 주지 않는 수준의 포스팅 횟수와 글감을 찾아서 효율적인 포스팅을 하는 것은 상당한 경험과 노하우가 필요하다. 후보자들 대부분이 열심히 하려고 하지만, 오히려 반감을 사는 경우가 많았다. SNS에도 메시지를 던지는 효율적인 틀과 문법이 존재한다는 사실을 명심해야 한다.

2017년 결산 토론회

이용욱(파주시의원)

ok7600@daum.net

현) 제7대 파주시의회 후반기 도시산업위원회 위원장

현) 이용욱세무회계사무소 대표 세무사

현) 파주상공회의소 감사

현) 파주시 여성친화도시 조성 위원회 위원

현) 파주시 청소년육성위원회 위원

현) 파주시 도시계획위원회 위원

현) 파주시 교육발전위원회 위원

현) 파주시 농정 등 심의위원회 위원

현) 파주시 성별영향평가위원회 위원

현) 파주꿈의학교 지역운영위원회 위원

현) 파주시 민주시민교육 운영위원회 위원

현) 파주시 주민지원기금운용 등 심의위원회 위원

현) 파주시 도시농업육성지원위원회 위원

현) 파주시 기지촌여성지원위원회 위원

전) 파주세무서 납세보호위원회

전) 파주세무서 영세납세자지원단 위원

• 청주대학교 회계학과 졸업

• 연세대학교 행정대학원 석사과정

2장

생활정치는 지방자치의 시작과 완성

01 구호를 실생활에서 실천하는 정치

나는 경기도 파주에서 태어나 대학 다니며 군 복무할 때와 세무사 준비를 위해 공부한 기간을 빼곤 이제껏 파주를 떠나 살아본 적이 없는 파주 사람이다. 세무회계사무소를 개소한 후에는 지역 봉사단체와 각종 위원회 위원으로 봉사하면서 풀뿌리 민주주의와 지방정치 발전의 일익을 담당해왔다. 그러다가 노무현 정부가 출범한 2003년에 열린우리당에 입당함으로써 정치 현장에 한 걸음 더 깊이 들어갔다.

'정치는 말로 하는 것'이라고들 흔히 말하지만, 나는 말로 그치고 마는 건 정치가 아니라고 믿는다. 물론 정치는 말로 시작하여 말로 마무리하는 것이지만 그 사이에는 반드시 말에 대한 실천과 책임이 있어야 한다. 구호를 생활에서 실천하는 정치인이야말로 진짜 정치를 하는 것이다. 정치는 실제로 주민의 삶을 바꾸고 아픔을 보듬는 생활 정치여야 한다.

우리가 흔히 '현실 정치가 썩었다'고 비판하는데, 그건 정치인만의 잘못은 아니다. 그런 정치인과 결탁하여 부당한 이득을 나눠온 기업가와 언론, 지역 토호 같은 기득권층도 연대책임이 있다. 지금껏 정치 상황은 대다수 시민을 소외시키며 권력을 장악한 소수에게 많은 힘을 실어주었지만, 이제 시민은 정치적 메시아가 자신을 대신해 줄 수 없다는 것을 깨닫고 스스로 더 많은 주권을 행사하려 한다. 교과서에서나 외우던 민주주의가 현실에서 구체적인 질문으로 학습되면서 시민의식과 더불어 사회가 활기를 띠고 있어서 아직 절망하기는 이르다.

큰 사건이 터지거나 선거 때만 되면 퇴근한 직장인들은 정치평론가가 되어 술집에서 삼삼오오 모여 열띤 정치토론을 벌이곤 한다. 토론이라기보다는 논쟁으로, 대개 안줏거리를 벗어나지 못하지만, 어떤 경우는 볼 만한 논쟁이 벌어지기도 한다. 그렇더라도 다음 날 술이 깨면 무슨 말을 했는지 기억도 없다.

밤의 정치논쟁을 할 때의 그 열정은 다 어디 갔는지, 우리는 낮의 정치참여에는 별 관심이 없고 부담스러워하기까지 한다. 누가 어떻다는 둥, 그 정책은 저렇다는 둥 하는 뒷담화에는 열심이지만, 정작 자신이 정치의 주체로서 권리와 책임을 행사하는 주체적 실천에는 인색하다. 변화의 필요성에는 공감하지만, 변화에 나서는 주체에도 변화의 대상에도 '나'는 제외다. 그렇게 되어야 한다고 공감도 하고 주장도 하지만, 행동으로

나서기에는 먹고사는 데만 해도 '내 코가 석 자' 라서 그런데 투신할 겨를이 없다.

우리가 기득권을 비판하지만, 바로 이런 태도가 기득권의 태도다. 결국, 저마다 제각각 자기 문제를 해결하라는 것이 기득권의 논리라면, 기득권을 비판하는 사람의 논리는 공동의 문제를 함께 풀어가는 것이어야 한다. 여기에서 좋은 정치가 시작된다. 정치는 '나' 로부터 시작하여 '우리' 로 향한다. 이상적인 사회는 착한 사람들의 공동체가 아니라 더불어 살려고 하는 평범한 사람들의 공동체다.

우리 사회에서 '생활 정치' 가 본격적으로 떠오르기 시작한 것은 아마도 2008년 촛불집회 때부터일 것이다. 생활 정치는 내 삶의 경험이나 의식과 분리되지 않은 정치 구조를 만드는 것이고 삶 자체를 정치적으로 재구성한다는 의미를 담고 있다. 그래서 미국산 쇠고기를 먹지 않으려는 건 생활 정치를 자극하는 원인이지만, 그런 자극만으로 변화가 생기지는 않는다. '먹기 싫으면 안 먹으면 될 것 아니냐' 하는 냉소적인 대답을 듣지 않으려면 내가 먹고 누리고 생활하는 것이 어디서 어떻게 결정되는지에 관심을 가져야 한다.

생활 정치는 공동체의 중요한 결정에서 공정과 정의를 요구한다. 그러려면 힘을 가진 자가 전횡하지 못하도록 그 힘을 감시하고 제한하는 것을 넘어 아예 작게 쪼개서 우리가 함께 누릴 수 있도록 해야 한다. 한낱 시민인 내가 권력을 가지고 행사한다는 것은 내 삶을 구성하는 능동적 요소다. 따라서 생활 정치는 주체적인 면에서 나의 경험과 의식이 정치의 주체로 성장하는 것을 뜻한다. 나이만 먹는다고 시민이 되지는 않는다. 공동체의 일에 관심을 가지고 참여해야 비로소 시민이 된다.

정치를 냉소하고 권력을 부정적으로 바라보는 시선은 그 힘의 근원을 깨닫지 못하게 한다. 미국 빈민운동의 선구자인 사울 알린스키는 "자기 목소리를 내지 못하는 사람들이 힘을 가지려면 권력을 잡아야 한다"고 강조했다. 권력은 세상을 바꾸거나 변화에 저항하거나 간에 언제나 작동하고 있는 본질적인 생명력이기 때문에 권력에 대해 냉소하지 말아야 한다. 설령 아무것도 바꾸지 못했더라도 자신이 그 속에서 뭔가를 했다면 그 실천은 소중하다. 실천을 망설이는 나는 늘 혼자일 수밖에 없지만, 두려움을 떨치고 실천에 나서면 그 순간 나의 움직임에 공감하는 다른 누군가가 내 곁을 채워서 나를 혼자 두지 않는다.

진정한 정치조직이라면 선거 때뿐이 아니라 일상적으로 많은 정보를 제공하고 다양한 토론 기회를 마련하며 풀뿌리 민중의 삶 속으로 스며들어야 한다. 그런 정치조직은 선거조차도 정당의 거수기가 아니라 자신의 정치적 의견을 피력하고 나누는 축제의 장으로 만들 수 있을 것이다. 이런 풀뿌리 정치는 봄 싹처럼 돋아나고 있다.

옛날부터 정치의 모범, 즉 '정치를 어떻게 하는 것이 좋다'는 것은 다방책에 씌어 있으므로 그것을 모르는 사람은 없다. 우리나라만 해도 뛰어난 정치학자가 없어서 정치가 잘 안 되는 것이 아니다. 문제는 '좋은 정치란 어떤 것이냐'를 규정해 두는 데에 있는 것이 아니라 그것을 행할 사람이 있느냐 없느냐'에 달려 있다. 우리 정치를 보면 정치적 이상에 대한 구호만 난무하지, 정작 그것을 실천하는 데는 관심이 없다. 어떻게든 표를 얻어 당선되는 것을 정치로만 알고, 민의를 대변하고 민중의 삶을 나아지게 하는 데는 시늉뿐이다.

그런 정치를 또 정치인을 축출하고 좋은 정치가 강처럼 흐르게 하려면 시민의 참여만이 답이다. 참여가 바로 생활 정치이고, 민주주의의 바탕이다. 도산 안창호 선생도 그랬다.

"참여하는 사람은 주인이요, 그렇지 않은 사람은 손님이다."

농어촌공사 파주지사와의 정책 간담회

농업인의 날 기념식 및 장단콩 웰빙마루 개장식

02 여성의 성장과 미래 세대의 교육

　나는 정치에 발을 들이기 전부터 여성의 성장과 미래 세대의 교육에 깊은 관심을 가지고 성찰해왔다. 파주시의원이 되고부터는 그 성찰한 바를 현실 정치에서 구현하기 위해 여러모로 궁리했다. 그런 노력으로 여성친화도시조성위원회 위원, 청소년육성위원회 위원, 교육발전위원회 위원, 성별영향평가위원회 위원, 파주꿈의학교 지역운영위원회 위원, 민주시민교육 운영위원회 위원, 기지촌여성지원위원회 위원이 되어 실질적인 결과를 낳고자 했다.

　파주시의회 의원이 된 나는 평등하고 여성이 살기 좋은 파주시 구현을 위한 제도적 기반 마련 차원에서 '파주시 여성친화도시 조성에 관한 조례안'을 대표 발의했다. 의안에는 양성평등기본법 및 그 밖의 관계 법령에 따라 지역 정책 결정과 발전 과정에 양성이 동등하게 참여하고 여성의 성장과 안전 구현 등 가족 친화적이고 안전한 도시 조성을 위해 필요한 사항을 담고 있다.

　주요 내용은 여성친화도시 조성계획 수립, 실시 및 평가, 여성친화도시 조성 기준 설정, 여성능력개발, 가족친화·돌봄 공동체 조성 및 여성·아동 안전망 구축, 여성친화도시 조성위원회 구성·운영, 여성친화도시 시민참여단 운영에 관한 사항 등이다.

　그 밖에도 시의 정책 결정 과정에 여성 참여 확대를 명문화하고 여성 커뮤니티센터를 설치·운영함으로써 가족 친화적이고 안전한 도시, 여성의 사회참여가 확대되는 도시를 지향한다. 여성의 사회참여가 활발해지고 있지만, 지역 발전과정에서 여성과 사회적 약자의 참여에 대한 인식이 아직 부족한 실정이다. 그러므로 이런 조례 제정을 통해 여성을 비롯해 아동·소외계층 등 사회적 약자와 파주시민 모두가 행복한 여성친화도시로 나아가야 한다.

도시산업위원회 행정사무감사 1

도시산업위원회 행정사무감사 2

지난해에 공동 발의한 '파주시 공공시설의 여성 보건위생물품 비치 및 지원에 관한 조례' 제정으로 지원근거가 마련된 이후 준비 기간을 거쳐 파주시 공공시설에 비상용 보건위생 물품 무료자판기가 설치되었다.

비상용 보건위생물품 무료자판기는 생리대를 준비하지 못해 고충을 겪는 여성의 어려움을 해소하고 여성의 건강한 생리권을 보장하기 위해 12개소에 설치됐으며, 해당 시설을 이용하는 여성이면 누구나 사용할 수 있다. 이른바 '깔창생리대' 사연이 알려진 이후 여성 건강권 증진을 위한 공공생리대 지원 정책의 필요성에 대해 깊이 공감하고 조례 제정에 나선 것이다.

우리나라에서 여성은 아직 사회적 약자에 속한다. 물론 형식적으로는 여성 권리가 크게 개선되어 남녀평등에 가까진 듯 보이지만, 현실적으로는 그렇지 못한 부분이 많다.

2020년 우리나라 16개 시·도의 성평등 지수는 전년 대비 소폭 상승해 성평등 수준이 개선된 것으로 나타났지만 여전히 낮은 수준이어서 개선의 여지가 많다. 여성가족부가 한국여성정책연구원에 의뢰해 지역별 성평등 수준 분석 연구를 한 결과, 완전한 성평등이 이뤄진 상태를 100점이라고 볼 때 지난해 우리나라의 전체 지역 성평등 지수는 69.3점으로 전년보다 0.4점 오른 데 그쳤다.

지역 성평등지수는 시·도별 성평등 수준과 성평등 정책의 효과를 측

정해 산정하는 지수로, 경제활동, 의사결정, 교육·직업훈련, 복지, 보건, 안전, 가족, 문화·정보 등 8개 분야 21개 지표를 기준으로 산출한다.

8개 분야 중 보건 분야96.4점의 성평등 수준이 가장 높았으며 교육·직업훈련 분야94.3점, 문화·정보85.4점, 복지74.8점 순으로 그 뒤를 이었다. 반면 의사결정 분야21.2점는 8개 분야 중 가장 낮은 점수를 보여 성평등 수준이 저조한 것으로 나타났다.

우리나라의 직업적 불평등은 OECD 국가 중 이례적으로 높다. 임금 격차, 고용률, 종사 업종의 분리, 육아 휴직 관련 통계만 봐도 손쉽게 확인할 수 있는 불평등이다. 성별 임금 격차는 우리나라가 OECD 국가 중에서 가장 크다. 2000년 OECD가 해당 순위를 처음 발표한 이후 전혀 개선되지 않았다. 우리나라의 성별 임금 격차는 35%에 이르러 OECD 평균13%의 3배에 가깝다. 산업화 국가 중에서는 꼴찌다. 또 우리나라는 〈이코노미스트〉가 발행하는 유리천장 지수에서 8년 연속 최하위를 했다. 유리천장 지수는 임금 격차, 노동 참여율, 출산 및 육아 휴가 권리 등의 10가지 지표에 대한 국가 실적에 의해 결정된다.

고용에도 성차별이 만연해 있다. 여성은 저소득, 비정규직 일자리를 가지는 경향이 있으며, 직장 내 고위 관리직이 되지 못하는 경우가 많다. 일단 고용의 질은 놔두고 고용 자체만 놓고 보면 여성에 대한 고용 기회는 지나온 세월 동안 꾸준히 증가하고 있다. 한국전쟁 이전에는 30%에도 못

미치던 여성 고용률이 이제 OECD 국가의 평균60%에 근접하고 있다. 그러나 남성 고용률76%에는 상당히 못 미치고 있다.

고용된 여성들은 직장 내 성 불평등에 직면해 있는데, 법 집행의 부족, 약한 처벌 시스템, 성차별을 허용하는 한국의 전통적인 사고방식에서 비롯된 조직문화가 문제다. 이에 더해 가족 내에서 여성에게 일방적인 돌봄노동을 제공할 것을 기대한다. 여성은 임신하면 노동시장에서 빠지는 경향이 있으며, 이는 부분적으로 고품질의 영유아 교육 및 돌봄기관의 부족의 영향이 있다. 여성은 가족 형성 단계에서 바로 노동시장을 떠났다.

여성경제포럼에 따르면, 한국은 여성의 경제 참여와 기회에 있어 149개국 중 124위다. 여성들은 구직 과정에서 결혼 여부, 자녀 계획에 대한 질문에 빈번하게 직면하며, 심지어 '남성 중심적' 분야의 직업은 그들에게 적합하지 않다는 제안까지 받게 된다.

한국여성개발원의 조사에 따르면 대부분의 한국 여성은 집에서 가사를 전담하는 것으로 나타났다. 가정 내 불평등의 결과로, 한국 여성의 결혼 시기가 늦춰지고 출생률이 감소했다. 이러한 추세는 다양한 방면에서 세계 최악이다.

이처럼 불평등한 세상에서 차별로 뒤처지고 경력이 단절된 여성에게 성장의 기회를 주는 것은 개인은 물론 사회적으로도 중요하다. 그래서 최근에 여성의 경제활동 촉진 및 경력단절 예방을 위한 〈경력단절여성 등의 경제활동 촉진법〉이 대폭 개정되었다. 2008년 제정 이후 13년 만에 이뤄진 이번 전부개정안은 기존 경력단절여성 재취업 지원에 더해 정책 목표를 재직여성의 노동시장 이탈 방지를 위한 '경력단절 예방' 에 초점을 맞췄다.

개정안은 여성의 경력단절이 혼인·임신·출산·육아에서 비롯되는 것으로 보았던 이전과 달리, 높은 성별 임금 격차 등 노동시장 구조도 요인으로 작용하는 사실을 고려하여 '경력단절여성' 의 정의에 '근로 조건' 을 추가한 것이다. 이에 따라 앞으로는 근로 환경과 사업체 현황 등으로 경력단절 예방 정책의 범위를 확대할 수 있게 되었다.

우리나라의 여성고용률과 성별 임금 격차가 개선되고 있음에도 OECD 주요국과 비교할 때 여전히 차이가 있고, 인구절벽 위기에 대응하기 위해서도 여성인력 활용이 어느 때보다 중요한 시기이므로, 여성고용 확대 및 유지를 위해 정부는 물론 우리 지자체도 비상한 관심과 의지를 가지고 여성고용 회복을 위한 정책 추진 기반을 강화하는 데 힘을 쏟아야 할 것이다.

교육은 미래 세대에게 가장 중요한 과제지만, 교육 불평등의 시대를 살아온 여성의 성장에 있어서도 중요한 문제다.

오늘날 여성의 고등교육 접근성은 좋아졌지만, 고등교육을 받은 남성 대비 여성 비율은 선진국에 비하면 상당히 낮은 수준이다. 남성 중심적인 노동시장, 자녀 교육에 대한 부모의 엄격한 관리로 인해, 고등교육을 받은 여성은 자신의 진로를 추구하기보다 자녀를 훈련하는 도구로 교육을 이용하게 되었다. 물론 30대 초반까지의 젊은 여성은 전체의 4분의 3이 고등교육을 마쳤지만OECD 평균 약 50%, 고등교육을 마친 여성의 고용률은 우리나라가 OECD 국가 중 꼴찌다.

그러므로 이제는 문제의 요인이 교육의 불평등보다는 사회적 불평등과 편견에 있다고 할 것이다. 이런 문제는 중앙정부의 의지와 노력만으로는 해결하기 어렵다. 전국 지자체의 전폭적인 지지와 개선의 노력이 수반되어야 풀리는 문제다.

사실 4차 산업혁명에 대응하는 미래 세대 교육을 위해서는 무엇보다 먼저 실질적인 교육 자치가 이루어져야 한다. 교육 자치는 지금껏 획일화되어온 교육의 다양성을 살리는 바탕이기도 하다. KEDI한국교육개발원는 교육 자치를 둘러싼 주체들의 역량을 강화하기 위해 필요한 정책 방안을 제안한 바 있다.

그중 최우선 과제는 단위학교 자치 활성화, 법령 및 조례 제·개정, 교육부-시·도교육청 간 권한 배분 및 사무 이양, 지방교육자치에 대한 사회적 합의 및 개선이다.

또 지방교육자치 사업 추진을 위해 필요한 주요 핵심 역량과 관련 요인은 관과 관, 관과 민 사이의 위계와 분절에 대한 반성과 성찰, 주체 간 협력적 실천, 인재를 발굴하고 지속하여 유지하는 인사 혁신, 현장 지원 역량 강화, 주체별 요구와 필요에 대한 대응 능력 강화, 교육과정에 대한 문해력과 설계 및 실행 능력 등을 갖춰야 한다.

이런 제반 조건을 정리해보면 지방교육자치 추진 원리가 도출된다. 지역별 고유성의 원리, 전문성의 원리, 현장 지원의 원리, 지역 생태계의 원리, 거버넌스의 원리가 그것이다. 이런 원리를 중심으로 여기에 지역 교육과정 개발 및 운영, 기획 및 협업 역량을 강화하는 인사 제도 혁신, 교육청에서 교육지원청으로의 권한 이양과 인력 조정 및 충원, 풀뿌리 민주주의 강화, 민관학 협의체 등의 협업 체제 구축과 소통 구조 확립 등 교육자치를 둘러싼 주체들의 역량을 강화를 보탤 수 있다.

산내중학교 교통민원

어린이 보호구역 릴레이 챌린지

03 여성의 정치, 여성을 위한 정치

산업화와 민주화 과정에서 여성의 사회·경제적 지위가 크게 향상된 것은 사실이다. 그러나 정치에서는 여성의 참여가 아직도 미약하다.

정치에서 남녀 간의 현격한 불평등은 자유, 평등, 기회의 균등을 기본으로 하는 민주주의 원칙과도 정면으로 배치되는 현상이다. 거의 모든 국가에서 천명하는 민주주의는 속을 들여다보면 '남성을 위한, 남성에 의한, 남성의 정치에 불과' 하다는 비판이 있다. 선진 민주주의 국가라는 미국을 보더라도 미국 수정헌법 19조에 의해 여성이 참정권을 획득한 이후에 오랫동안 여성의 의회 의석 비율이 미미하다가 크게 늘었다지만 현재 25%70위권에도 미치지 못한다.

우리나라의 국회의원 여성 비율은 17%세계 193개국 평균 24%로 세계 121위이니, 중간도 못 간다. G7선진 주요 7개국을 보면 프랑스가 40%, 이탈리아가 36%, 영국이 32%, 독일이 31%, 캐나다가 27%로 미국보다 높고, 일본은 우리나라보다 낮은 10%로 최하위권이다.

그동안 여성의 정치참여 문제는 남성학자 중심의 정치학 연구대상에서 관심 밖이었으며, 이 분야의 연구를 폄훼하기까지 하는 분위기였다. 그러나 21세기에 새롭게 대두된 환경, 정보, 평화, 빈곤 문제는 기존의 남성 중심의 사고만으로는 대처할 수 없다. 여성이 지위를 온전히 회복하여 역량을 충분히 발휘해야 우리는 인류가 직면한 문제에 충분히 대처할 수 있을 것이다.

우리나라 여성의 참정권은 1945년 해방 이후 헌법과 각종 선거법에 명시되어 있다. 1948년 최초의 선거에서 이미 남녀 보통선거권이 부여되었고, 정치상 아무런 제한 없이 여성의 참정권이 인정되었다. 이로써 현행법 규정은 여성도 국민으로서 정치적 · 공적 생활영역에서 균등한 생활을 하면서 성차별을 받지 않는다는 남녀평등권을 구현하고 있다.

우리 헌법의 기본이념은 여성과 남성의 평등을 명확하게 규정하고 있지만, 아직도 민법규정을 비롯한 여러 부문의 법 규정에는 조선 시대 남존여비 사상의 잔재가 아직도 남아 있다. 그리고 우리 사회의 저변에 흐르는 정치 · 사회 · 문화적 요소는 끊임없이 여성을 제약하고 있다. 그러므로 우리나라 여성의 참정권 투쟁의 초점은 법적 권리의 쟁취보다는 확보된 법적 권리와 현실 간의 거리를 좁히는 데 있다고 할 것이다.

여성친화도시 토론회

　민주정치는 대의정치를 기초로 하며, 그 기본요소로 정당의 존재를 필수요건으로 하므로 민주정치는 정당정치로 귀착된다고 할 수 있다. 오늘날 정당은 국민의 의사를 통합하고, 이를 국가의 의사로 만들어 나아가는 데 불가결한 존재이며 현대정치의 핵심 역할을 담당한다. 국민의 의사를 정확히 반영하는 것은 국민주권의 실질적인 실현이며 국가권력의 민주적 정당성 확보를 담보하는 것이다.

　정당은 민주정치의 핵심 주체다. 정당의 핵심 기능은 후보 추천과 그의 당선을 돕는 선거 기능이기에 남녀의 정치적 평등을 제도화하려면 정당의 지원이 절대적이다. 따라서 여성의 정치 참여를 확대하는 열쇠는 정당이 쥐고 있다고 할 수 있다.

　그동안 여성의 정치 참여는 남성의 정치적 기득권을 침해하는 것으로 인식되었으며, 여성의 정치 참여 필요성 주장은 엘리트 여성의 실리 추구 차원으로 치부되는 분위기가 강했다. 여성의 정치 참여가 미미했던 서구에서 획기적인 돌파구를 열어준 곳이 바로 정당이다.

서구의 정당들은 적극적으로 여성 후보를 발굴·육성하여 유리한 지역에 공천했다. 정당의 공천자 명단에 일정한 여성 후보자 비율을 의무화한 할당제를 도입했으며, 나아가 비례대표 명단에도 여성 할당 비율을 적극적으로 의무화하고 있다.

법률상의 여성참정권 개선 못지않게 정치 문화상의 여성참정권 개선도 중요하다. 정치 문화란 정치와 사회활동에서 여성의 활동에 대한 지배적인 가치와 태도를 의미한다. 전통적인 가치관이 지배적인 데서는 여성이 정치 입문을 꺼리게 되고, 공천자는 여성 후보 선택을 마뜩잖아한다. 정당은 남녀평등 지향 정책을 내세우는 데 주저한다. 이는 정치 문화가 입후보자의 출마 의지, 정당의 후보 공천 그리고 유권자의 지지를 받는 데 영향을 미칠 수 있기 때문이다.

여성의 정치 참여에는 선거제도도 크게 영향을 미친다. 선거제도의 세 가지 요인이 여성의 정치 참여에 영향을 미치는 것으로 나타나고 있다. 선거 절차, 선거구 크기, 비례 정도에 따라 다르게 나타난다.

다른 모든 조건이 같다고 보았을 때 여성 후보에게 가장 유리한 선거제도는 한 선거구에서 다수 의원을 뽑는 대선거구 제도이다. 또 전국구 정당명부제가 여성에게 가장 유리한 제도로 나타나고 있다. 대만은 여성 의원 당선보장제도라는 독특한 제도를 채택하고 있다.

모든 선거에서 여성은 10~25%의 의석수를 할당받도록 헌법, 지방자치법, 선거법에 명시하고 있다.

또 여성의 정치 참여를 높이는 좋은 방법은 비례대표제다. 비례대표제는 유럽 여러 나라에서 사용하는 제도로, 여성에게 상당히 유리하다.

정당으로서는 이러한 비례대표제에서 여성이 지닌 특성을 한껏 발휘하여 자당의 국회의원 수를 늘리려는 전략을 취한다.

이러한 정당정치에서 여성의 참여가 결국은 정당의 당선 비율을 높이고, 정당의 지도체제에서도 남성보다 더 협조적인 여성을 많이 선출하게된다. 정당에서 여성의 역할 증대는 전체 사회에서 여성의 현실 참여를 높이는 데 도움을 준다.

한울마을 1단지 주민간담회

여성의 정치 참여를 어렵게 하는 사회·문화적 환경은 오랜 역사 속에서 형성되어 우리 사회에 깊게 뿌리내리고 있어 이를 단기간에 변화시키기는 어렵다. 교육, 취업, 사회구조 등 성의 불평등을 초래하는 여러 요인의 변화가 우선되어야 하므로 오늘날 여성의 의회 참여 비율은 그 나라의 정치·경제·문화 수준을 가늠하는 척도로 사용되고 있다.

지난 2010년 지방선거를 기점으로 지방의회에도 여성의원의 진출이 눈에 띄게 늘기 시작했다. 그래서 현재 여성 재선의원은 물론 3선 의원까지 꽤 배출되어 전문성도 높아지고 있다. 여성의원은 남성의원보다 복지, 교육, 환경, 문화 등 생활 정치에 관심이 많으며, 여성의원의 증가에 따라 남성의원의 성인지 감수성에 영향을 주어 여성 문제에도 관심이 증가하는 것으로 나타났다.

향후 지방의회에서 지속적인 여성의 정치 대표성 확대를 위해서는 여성 후보자의 수적 확대와 생활 정치의 주역을 담당해온 여성 전문 인력의 참여 확대가 필요하다. 이를 위해서는 지방의회 여성의원의 경력을 지속할 수 있는 통로가 마련되어야 하며, 여성의원의 성공적인 의정활동 활성화 방안이 모색돼야 할 것이다.

04 정치인, 공인으로서 태도와 마음가짐

공인이란 뭘까? 공직에 있는 사람이다. 현재 공직을 맡고 있는 정치인은 모두 공인이다. 그런데 연예인이나 운동선수는 인터뷰할 때 "공인으로서…" 하고 말하는 모습을 자주 보는데, 연예인이나 운동선수, 예술가나 문인은 공직에 있는 사람이 아니므로 공인이 아니다. 사립대학 교수나 사립학교 교사도 공인이라고 할 수는 없다. 다만, 공인이 아니라도 그 인기나 영향력으로 사회와 대중에 널리 영향을 미치고, 다른 사람을 가르치는 위치에 있는 사람이라면 공인 못지않게 공적 책임이 있다고 할 것이므로, 사실상 공인이라고 해도 무방하다.

더구나 현직에 있는 정치인은 가장 책임 있는 위치에 있기도 하려니와 국가와 지역의 운용 시스템을 만들고 공공의 살림과 체계를 집행한다는 점에서 보면 공인 중의 공인으로서 선공후사, 멸사봉공의 태도가 엄정해야 한다.

로마 시대, '공화정의 아버지'로 불리는 브루투스는 자신의 두 아들이 왕정복고 음모에 가담하자 공명정대하게 법을 집행하여 처형했다. 공인인 정치인으로서가 아니라 아버지의 사사로운 정으로 권력을 행사했다면 얼마든지 국외 추방 정도로 끝낼 수 있었겠지만, 그는 엄격한 공인의 태도를 잃지 않음으로써 스스로 로마 공화정이 450년간 유지될 수 있는 하나의 기둥이 되었다.

우리는 역사에서, 아니 현실에서도 공인의 품격을 보여준 사람들을 만날 수 있다. 흔히 말하는 '노블레스 오블리주'를 실천한 사람들이다. 사회적 지위에 상응하는 도덕적 의무를 뜻하는 노블레스 오블리주는 초기 로마 시대에 왕과 귀족들이 보여준 투철한 도덕의식과 솔선수범하는 공공정신에서 비롯되었다. 근현대에 와서도 이러한 도덕의식은 계층 간 대립을 해소할 수 있는 최고의 수단으로 여겨졌다.

특히 전쟁과 같은 총체적 국난을 맞이하여 국민을 통합하고 역량을 극대화하려면 무엇보다 기득권층의 솔선수범이 필요하다. 두 차례의 세계대전에서 영국의 최고위층 자제가 다니던 이튼칼리지 출신 2,000여 명이 전사했고, 포클랜드전쟁 때는 여왕의 아들이 전투 조종사로 참전했다. 한국전쟁 때는 미군 장성의 아들이 142명이나 참전해 35명이 목숨을 잃거나 다쳤다.

그런데 오늘날 우리나라 정치인들이나 고위 공직자들을 보면, 특히 보수의 리더라고 자처하는 사람들을 보면 대부분 본인은 물론 자식들까지 병역기피자들이고, 부동산 투기에 위장전입, 농지법 위반, 세금 포탈 등 불법 또는 비리에 연루되어 있다. 실제 삶은 공인의식이라고는 눈곱만큼도 없으면서 말로는 세상에 둘도 없는 애국자 행세를 한다.

제2차 세계대전 때 루스벨트 대통령의 네 아들은 모두 전장에 나가 활약했고, 훗날 대통령이 된 존 F. 케네디도 해군으로 입대하여 참전했다. 이런 노블레스 오블리주가 다른 나라에만 있었던 건 아니다. 우리나라에도 그에 못지않게 노블레스 오블리주 전통이 있다.

신라 시대 귀족의 자제인 화랑이 국방의 최일선에서 선봉으로 싸운 것이나 12대 300년을 이어온 경주 최부자집의 검약과 상조의 정신은 모두 한국적 노블레스 오블리주다. 지방 행정관의 도리와 책무에 대하여 적은 다산의 《목민심서》는 지도층의 솔선수범과 모범을 강조하고 있으니 노블레스 오블리주의 정신을 담고 있다.

대한제국이 멸망할 무렵, 사회 지도층 인사 가운데는 기존의 영예와 부귀를 버리고 조국의 독립을 위해 헌신한 이들이 적지 않다. 서간도에 독립운동기지를 건설하고 신흥무관학교를 설립하여 독립군을 양성한, 이회영을 비롯한 신민회 지도자들이 대표적인 사례다. 노블레스 오블리주의 빛나는 표상이다.

이들은 대한제국의 명운이 다했음을 알고 국외에 독립운동기지를 건설하려는 계획을 세웠다.

안창호, 신채호, 유동열 등이 중국 청도에서 독립운동기지 개척을 위한 회담을 여는 가운데 이회영, 이동녕 등은 연해주와 만주 일대를 답사하며 독립운동기지를 물색했다. 드디어 서간도에서 최적의 장소로 발견하고 이주를 시작했다. 이회영 일가가 그 선두에 섰다.

이회영은 가족회의를 열고 가산을 처분하여 가족 전체가 서간도로 이주할 것을 결정했다. 1910년 12월, 이회영 일가족 50여 명이 얼어붙은 압록강을 건넜다. 이어 안동의 혁신 유림도 서간도로 향했다. 이상룡, 김대락, 김동삼 일가를 비롯하여 100여 가구가 선후로 분산하여 서간도로 향했다.

이렇게 설립된 신흥무관학교는 일제에 의해 폐교되기까지 10년간 다수의 정예 독립군 장교들을 배출했다. 이들이 청산리대첩을 이끌었으며, 1920년대 서간도의 서로군정서, 북간도의 북로군정서를 결성하는 데 주역을 맡았다. 1930년대에는 조선혁명군, 한국독립군을 조직하여 한 · 중 항일연합투쟁을 전개했으며, 1940년에는 대한민국임시정부에서 창설한 한국광복군의 핵심 간부로 활동하며 국내 진공 작전을 주도했다. 신흥무관학교로부터 비롯한 독립전쟁이 있었기에 오늘날 대한민국이 존재하는 것이다.

오늘날 국가를 경영하는 정치인이라면, 이런 정도는 아니라도 공인으로서 기본적인 태도와 덕성은 꼭 필요하다. 그렇지 않으면 대다수 국민이 불행해진다. 정치인의 태도

이재명 경기도지사 운정접종센터 방문

와 마음가짐 그리고 삶과 사유의 방식이 어떠해야 하는지는 구구절절이 설명하기보다는 새겨 품을 만한 사례를 드는 것이 좋겠다.

스웨덴에 가서 가장 존경하는 정치인이 누군지 물어보면 거의 모든 시민의 대답이 한결같다고 한다. 바로 타게 엘란데르1901~1985다. 그는 1946년부터 23년간 총리를 지낸 정치인으로 재임 중 11번의 선거를 모두 승리로 이끌고, 마지막 선거에서는 스웨덴 선거 역사상 처음으로 과반의 득표율로 재집권한 후 후계자에게 자리를 넘겨주고 홀연히 정계를 떠났다. 드라마에나 나올 법한 이야기지만, 사실이다. 스웨덴 국민은 그의 무엇에 20년 넘도록 매혹되었을까?

엘란데르는 일찍이 청년 시절부터 급진좌파 정치인이었다. 그가 총리로 선출되었을 때 국민은 걱정했고, 노사분규에 시달리던 경영계는 노골적으로 거부감을 표출했다. 그러나 총리에 취임하고 난 뒤 그의 행보는 사람들의 우려와는 전혀 달랐다. 야당의 유능한 인물을 내각에 발탁하고, 경영계에 손을 내밀어 대화를 튼 다음에 노조 대표와 함께 3자 연석회의로 노사 문제를 해결했다. 그의 이런 대화 정치를 상징하는 것이 '목요회의' 다.

매주 목요일 스톡홀름에서 차로 2시간 거리에 있는 총리별장에 정계와 재계 그리고 노조 대표를 초대해 저녁 식사를 하면서 대화를 나누는 것이다. 국정을 현안을 논의하고 문제를 해결하는 데 필요하다면 누구라도, 야당은 물론 총리를 비난하는 사람이라도 이 목요회의에 초대된다.

목요회의가 성공한 것은 보여 주기식 이벤트가 아니라 상대방의 의견을 진지하게 경청하고 문제해결을 위해 노력하는 진정성 때문이었다. 세계가 부러워하는 복지제도의 구축도 그의 대화 정치 덕분에 가능했다.

엘란데르는 평생을 검소하고 겸손한 삶을 살았다. 총리 시절에도 20년이 넘은 외투를 입고 신발도 밑창을 갈아가며 오래도록 신었다. 그의 아들 부부는 "부모님이 '국민을 생각하는 것이 더 중요하다' 고 말씀하셨다" 며, 검소함은 두 분의 삶의 전부라고 자랑스러워한다.

"부모님은 총리 시절에도 관저 대신 임대주택에서 월세를 내고 살았습니다. 출퇴근도 관용차 대신 어머니가 직접 운전하는 차를 이용했습니다."

임대주택은 자신의 재임 시절 서민을 위해 지은 아파트다. 그는 특권을 버리고 국민의 삶 속으로 들어와 다정한 친구로 지냈다. 1968년, 엘란데르가 총리를 그만두고 거처할 집이 없다는 사실을 알고는 당원들이 급히 돈을 모아 집을 마련했다. 스톡홀름에서 차로 2시간 거리에 있는 한적한 시골 마을이다. 총리 부부는 그 마을의 호수가 작은 주택에서 16년을 살았다. 그런데 총리 시절보다 더 많은 사람이 그를 보려고 찾아왔다.

총리의 아내 안데르손은 고등학교 화학 선생님이었다. 그녀는 남편이 총리로 재직하던 시절에도 학교에서 아이들을 가르치는 평범한 삶을 살았다. 남편이 총리에서 퇴임하고 얼마 후에 아내는 총무부처 장관을 찾아가서 한 뭉치의 볼펜 자루를 건넸다. 관용 표시가 된 물품이었다. 장관이 영문을 묻자 총리의 아내가 답했다.

"남편이 총리 시절에 쓰던 볼펜인데, 총리를 그만두었으니 이제는 정부에 돌려주는 것이 옳다고 생각합니다."

05 민주주의의 근간으로서 지방자치

아리스토텔레스는 "사람은 정치적 동물로서 정치에 참여하는 것이 권리인 동시에 의무"라고 했다. 또 "폴리스에서 모든 시민은 시민으로서 지배를 받는 존재인 동시에 공직자로서 지배를 행사하는 존재"라고 했다. 그리고 그것이 가능한 공간은 국가와 같이 규모가 큰 조직이 아니라 지역과 같이 규모가 작은 것이라고 보았다.

지방자치의 의미는 지역 일을 주민이 스스로 처리하는 민주주의의 기본적인 가치 실현에 있다. 근대국가는 절대 왕권으로부터 개인의 정치·경제적 자유를 확보하는 과정에서 국민이라는 상징적 구성원으로 만들어진 공동체로 출발했다. 국가의 탄생과 존립의 당위성은 자유를 쟁취한 개인 간에 불가피하게 일어날 갈등을 조정하기 위해 개인으로부터 위임된 권한을 행사하는 수준에 머물러야 한다는 제한이 있다. 그러나 시간이 지나 국가의 권한이 점차 확대되면서 통치 방식에서 중앙정부와 지방정부 간의 역할 조정 문제가 대두되었다.

삼권 분립과 법치주의를 정립했다고 평가받는 몽테스키외는 삼권 분립을 통해 중앙정부의 권력 남용을 견제하고 균형을 이루는 것도 중요하지만, 국가와 지방정부 사이의 권력 분립을 통해 중앙정부의 독재를 방지하고, 나아가 개인의 자유를 보장할 수 있어야 한다고 주장했다. 지방자치가 민주주의의 한 축이라고 천명한 것이다.

우리나라도 1990년대 지방자치를 부활한 이후 지방분권과 주민자치 제도가 정착되면서 행정 효율화와 민주주의 발전에 크게 이바지했다. 그러나 한편에서는 지방자치에 의문을 제기하는 시각도 있다. 오랫동안 유교 문화에 젖어온 우리에게 국가주의적 전통과 중앙집권적 정치 문화가 강하고, 남북이 분단된 상황에서 지방분권 체제보다 중앙집권 체제의 국가운영이 적합하다는 주장이 그것이다. 우리나라 지방자치의 역사가 짧은 데다가 지방자치에 대한 기본적인 철학이 부재한 탓이다.

주민자치는 공동체의 운영방식이라는 형식을 뛰어넘어 민주시민 교육의 장소와 내용을 담고 있다는 데 주목할 필요가 있다. 자유민주주의의 결함과 그 보완의 모색한 정치학자 토크빌은 "시민의 지역 모임은 자유국가의 힘의 원천"이라고 했다. 영국의 정치학자 스미스는 "지방자치와 국가발전이라는 관점에서 보면 중앙집권화는 개인을 이기적으로 만들어

인류를 퇴화시킬 뿐 아니라 시민으로서 공적인 책임을 회피하게 만든다"고 했다. 그러므로 개인의 자유를 최대한 보장하고 자기 행동에 대한 책임을 상기시키며 창의력의 발휘를 고양하는 지방자치가 바람직하다고 주장한다. 과도한 중앙집권화의 전제적 국가들이 '실패한 국가'로 떨어진 역사로 보면 그의 주장에는 설득력이 있다.

사실 국민 여론, 그리고 해당 전문가와 이해관계 당사자의 의견을 충분히 경청하고 반영하는 민주적 절차를 거쳐 가장 좋은 결론을 도출하는 숙의민주주의를 구현하려면 지방자치의 활성화가 필요하다.

가령, 문재인 정부는 대통령선거 때 공약사항으로 내세운 탈원전 정책을 실현하기 위해 건설 중이던 신고리 원전 5·6호기 공사의 지속 여부의 판단을 위한 공론화 과정을 거쳤다. 토론과 여론조사라는 절차를 거친 공론화위원회는 신고리 원전 5·6호기의 건설 재개를 권고했고, 여러 단체는 정부의 원전축소정책 지지 의사를 정부에 전달했다. 이 과정에서 각계각층에서 다양한 반응이 쏟아졌고, 청와대는 공론화위원회의 권고에 따라 원전 건설의 재개를 최종으로 결정했다. 이 과정에서 해당 지역주민의 의사가 가장 중요하게 반영된 것도 지방자치제도의 힘입은 바 크다.

이처럼 중앙정부는 대통령 공약사항임에도 일방적으로 밀어붙이기보다는 합리적인 의사결정을 위해 충분히 숙의하는 새로운 정책 결정 과정을 도입한 것인데, 이는 합의에 따른 의사결정 방식과 다수결 원리의 요소를 모두 포함한다. 숙의민주주의에서 법을 정당화하는 가장 중요한 요건은 단순한 다수결 투표행위를 넘어서 실질적인 숙의 과정을 거치면서 사회적 합의에 이른다는 점에서 진일보한 민주주의 방식이다.

물론 이 방식은 모든 참여자가 해당 사안에 대해 이해하고 토론할 수 있는 시간이 주어지고 반대 논리를 충분히 듣고 결정할 수 있는 강점이 있는 반면에, 양측의 의견이 끝까지 맞서면 결국 투표를 통해 다수결로 결정할 수밖에 없는 약점도 있다.

국가의 구성원은 국민이고, 지자체의 구성원은 주민이다. 물론 모든 주민은 동시에 국민이다. 민주주의 체제에서 국가도 자치의 원리가 적용되어 국민이 직접 대통령과 국회의원을 뽑고, 행정부와 입법부를 구성해 법률 제정과 예산 등 중요 의사결정을 하고 행정부가 구체화한다. 대의민주제의 한계가 있는 경우 국민투표 같은 직접참여제도를 통해 보완한다. 이런 가운데 지방까지 자치 원리를 적용하여 지방자치를 실시하는 이유는 지방이 더 잘할 수 있는 일은 지방이 하는 것이 바람직하고, 지방이 더 경제적으로 할 수 있는 일은 지방이 하는 것이 국가 전체로 봐서도 바람직하기 때문이다.

지방자치란 주민이 주체가 되어 지역의 발전과 복리 증진을 위해 지역에서 조달한 재원으로 일상생활과 밀접하게 관련된 지역 사무를 스스로 또는 대표자의 선출을 통해 자주적으로 처리하고, 그 결과를 책임지는 제도다. 지방자치 본래의 취지인 주민 복리 증진을 이루려면 먼저 주민참여가 활성화되어야 한다. 주민 대부분은 공적 문제에는 관심을 보이지 않고, 누가 대신 해결해주기를 바라는 무임승차의 태도를 보이기 쉽다. 더구나 생활권의 확대와 인구 이동이 잦아짐에 따라 지역공동체 의식이나 연대감이 희박해지고 있는 것이 현대사회의 보편적 모습이다.

주권자인 주민이 자신의 문제에 무관심할 때 주민은 주권자가 아니라 단순한 통치의 대상으로 전락하기 쉽다. 지역의 문제를 곧 자신의 문제로 받아들이는 시민의식의 향상과 주민의 관심과 참여는 개별적일 때보다 시민운동의 형태로 조직적이고 체계적으로 이루어질 때 문제해결에 효과적이다. 그래서 그런 시민운동을 기반으로 한 주민참여의 활성화에 지방자치 발전이 달려 있다고 해도 과언이 아니다.

참여 민주주의 확립에는 행정의 역할이 중요하다. 지역주민의 의사가 의회를 거쳐 표명되는 간접민주주의 체제만으로는 충분히 반영되지 못한다. 주민의 선호를 행정에서 직접 반영하기 위해 주민참여 방식을 설계하고, 주민 의사를 결집해서 주민의 뜻이 정책 의사 형성으로 투입되도록 보다 적극적인 주민참여 통로의 설정과 함께 행정정보 공유 시스템을 구축할 필요가 있다.

06 진정한 지방분권 시대를 위하여

 1961년 박정희 군사정권이 폐지한 지방자치가 1991년 30년 만에 부활하여 시행된 지 30여 년이 되었다. 그동안 중앙정부와 지자체가 지방자치 발전을 위해 노력한 결과 중앙에 집중된 권한의 상당 부분이 각 지자체로 분산되었다.

 정부의 다음 목표는 주민 중심의 지방자치 실현으로, 이른바 자치분권 2.0 시대의 개막이다. 자치분권 2.0은 그동안 목표로 삼았던 중앙의 권한과 재원을 지방으로 이양하는 자치분권 1.0에서 한발 더 나아간 개념이다. 각 지자체의 주민이 중심축이 돼 중앙과 지방이 협력하는 시대를 열자는 취지다. 기존 중앙정부의 권력 이양 수준을 넘어 주민과 지방의회가 각 지자체의 중심이 되는 시대로 나아가는 것으로, 자치분권 2.0이 실현되면 진정한 의미의 지방자치 시대가 열리게 될 것이다.

전국의 지자체에서는 해마다 10월 29일에 지방자치의 날 기념식을 여는데, 최근에는 코로나 감염의 확산으로 제한된 인원만 참석한 가운데 돋보이는 부분이 해가 갈수록 지역 명망가보다는 주민대표가 많이 참석한다는 것이다. 통장 등 주민자치위원회 소속부터 지역공동체 자원봉사자까지 지역 현장에서 실무를 담당하는 이들이다. 관이 주관하는 공식행사에 주민 참석 비율이 늘고 있는 것은 자치분권의 측면에서 보면 의미가 크다.

그동안 여러 행사가 지자체장과 주요 직책에 있는 사람들 중심으로 진행된 면이 강했는데, 이제 갈수록 주민참여가 눈에 띄게 늘고 있는 것으로, 지방자치가 단체장 중심이 아닌 주민 중심의 생활 자치로 바뀌고 있다는 변화를 보여준다.

무엇보다 30여 년 만에 이뤄진 지방자치법 전부개정으로 자치분권의 제도적 기반을 더 강화할 수 있게 되었다. 주민참여 확대와 지방의회의 역량 강화를 주요 내용으로 하는 지방자치법 전부개정 법률안은 2020년 12월 국회를 통과했다. 그리하여 중앙과 지방은 주민의 대의기관인 지방의회가 독립성과 전문성을 강화하고, 주민이 적극적으로 지역 문제해결에 참여하여 명실상부한 주민자치와 주민주권을 실현할 수 있도록 하는 기틀을 마련했다.

주민자치와 지방분권의 실질적인 작동 없이 지역의 위기를 극복하기 위한 지역 활력 창출과 지역 혁신은 사실상 불가능한 일이다. 글로컬라이제이션 시대에는 지역 혁신이 국가 혁신의 원동력이며, 지역이 국가 도약의 기지일 수밖에 없다. 지역을 살리고 풀뿌리 민주주의를 살리기 위한 기초 토대로 지방분권과 주민자치를 실질적으로 보장하고 강화하는 정책이 필요하다.

지방자치 부활 이후 분권 운동과 정책이 지속적으로 추진되어왔지만, 여전히 우리의 지방분권 수준은 국가 사무와 지방 사무의 비율이나 국가 재정과 지방 재정의 비율이 80:20의 수준을 벗어나지 못하고 있다. 지방 사무와 지방 재정의 비율이 분권 선진국들의 수준인 40% 정도가 될 때까지 위임 사무와 보조금 제도의 정비를 포함한 분권화 정책들이 지속적으로 추진되어야 할 필요가 있다.

제206회 파주시의회 임시회
예산결산특별위원회

제213회 파주시의회 2차 정례회
예산결산특별위원회

지방분권의 핵심은 사무 재배분에 있다. 중앙정부와 지방정부는 역할과 책임을 명확하게 분담하고 그에 따라 사무를 합리적으로 재배분해야 한다. 당면한 과제는 단체 위임 사무와 기관 위임 사무의 폐지다. 종래의 단체위임 사무는 자치사무로 전환해야 한다. 기관 위임 사무 일부는 자치사무로, 일부는 지방의회가 관여할 수 있는 법정수임 사무로 전환하고, 나머지는 중앙정부의 사무로 환원하거나 폐지해야 한다.

그밖에 중앙정부의 특별지방행정기관 정비, 교육자치제도 개선 및 자치경찰제도 도입 등도 중요한 분권 과제다.

제224회 파주시의회
임시회 2차 본회의

제224회 파주시의회
임시회 도시산업위원회

제225회 파주시의회 임시회 예산결산특
별위원회

지방분권의 또 하나의 핵심은 재정분권이다. 재정분권 없는 지방자치는 사상누각일 뿐이다. 그런 점에서 현재의 중앙정부 보조금 제도를 정비하는 것이 필수다. 보조금은 중앙정부의 위임 사무 체제를 유지·가능하게 하는 수단으로, 열악한 지방정부의 재정 상태에서는 중앙정부에 대한 의존도를 높이는 요인이 될 수밖에 없다.

제226회 파주시의회
1차 정례회 2차 본회의

지방재정, 조례 연구단체 전문역량 강화 세미나

07 지방자치는 민주주의의 뿌리이자 꽃

민주주의가 발달한 나라일수록 지방자치도 발달해 있다. 또 지방자치가 발달할수록 민주주의는 더욱 성숙해간다. 지방자치는 민주주의 제도의 확립으로 가는 필수 조건이다. 모든 민주주의 국가에서는 헌법상으로 국가의 전제 권력을 배제한다.

지방자치는 중앙에 권력이 집중되지 않고 각 지역으로 분산되도록 한다. 지방자치가 없다면 중앙정부는 과도하게 비대해지며, 중앙정부의 한계로 인해 국민의 목소리는 정책에 반영되지 않은 대신에 견제받지 않은 중앙정부의 전횡은 날로 더해간다.

민주주의 국가에서는 권력을 분산하고 주권을 국민이 행사하도록 강제한다. 지방자치를 통해 지역 커뮤니티 주민의 정치 의사를 즉각 반영할 수 있으며, 정치권력을 더 효율적으로 국민 개인에게 돌릴 수 있다.

중앙정부는 태생적으로 주민 수요를 세밀하게 파악하지 못한다. 지방정부는 그 지방의 지역 특성을 반영하여 더 효율적인 정책을 마련할 수 있다. 지방정부는 국가 행정을 지역 단위로 지원하며, 기능을 적절하게 분담하므로 지방자치가 없을 때보다 효율적이다.

지방자치는 정책의 시행착오를 분산시킨다. 지자제가 시행되지 않는다면, 중앙정부가 모든 정책을 국가 단위로 일제히 시행해야 하고, 만약 정책이 실패하면 그 피해를 전국이 뒤집어쓴다. 그러나 지방정부는 자기 영역에서만 정책을 집행하므로, 실패의 규모가 크지 않은 데다가 다른 지방정부의 반면교사가 더 큰 실패를 방지하기도 한다.

지방자치가 이론대로만 잘 돌아간다면 부정부패가 크게 줄어들고 지방행정의 효율화를 기대할 수 있다. 그러나 실제로는 그렇지 못한 부분도 적잖다. 정부의 국정에도 무관심한 사람이 태반인데, 작은 단위인 지방행정에는 말할 것도 없다. 그러니 여론의 사각지대에 놓여서 부정부패와 비효율, 전시행정만 유발하는 역효과가 나올 수도 있다.

지방자치는 어떤 경우에는 오히려 중앙에 의한 감시를 약화함으로써 부정부패를 더 키우는 구실을 할 수 있으며, 기존의 부패가 해결되지는 않은 상태에서 중앙에서 발생하는 부패의 유형이 지방에서 똑같이 나타내는 문제를 드러낸다.

또 중앙의 통제가 소홀한 틈을 타서 지방 토호들과의 유착하는 경우가 많다. 토호와 지자체 간의 유착은 특히 군수의 경우가 더욱 심한데, 인구가 3~5만이 대부분인 군에서 뽑히는 군수는 해당 군에서의 영향력 있는 토호인 경우가 많기 때문이다. 이런 작은 군의 군수가 된 토호가 수십 년간 알고 지낸 다른 토호들과의 유착으로 각종 불법행위를 저지르다가 들통나서 파면된 일이 꽤 있다.

앞에서 말했듯이 지방분권의 핵심은 재정분권인데, 일단 제도적 측면에서 세제상으로 지방자치단체들의 재정자립도가 열악하다.

무엇보다 중앙정부에 대한 높은 재정의존도는 지자체가 예산심의를 하는 국회에 크게 의존하게 하여 국회의원 선거 때마다 지역구에 예산폭탄을 안기겠다는 레퍼토리가 반복되었다. 이로 인해 지방 살림은 지방에서 맡아서 해야 하는데도 지역구 국회의원에게 예산을 기대는 우스운 모양을 보인다. 그리고 엄연히 지방에도 지방의회가 있는데도 국가 차원의 일을 해야 할 국회의원들이 지방에 시도 때도 없이 드나들며 사실상 상왕 노릇을 함으로써 그런 악순환의 고리가 지방자치의 의미를 퇴색시키고 있다.

이런 메커니즘은 국회의원의 타락에도 한몫한다. 중앙에서 강력한 돈줄을 쥐고 있으니 국회의원들에게 온갖 비리를 저지를 만한 구석이 많아지는 것이다. 그러니 당연히 돈과 권력 있는 사람들의 로비가 줄을 이으며, 정치판을 타락하게 한다.

행정안전부의 지방자치 침해 문제도 있다. 행정안전부 장관에게는 지방자치를 심각하게 침해할 수 있는 권한이 하나 있는데, 지방의회와 지자체장을 통과한 조례 의결에 대한 거부권이다. 지방정부에서 행안부에 조례 회람을 요청할 때, 행정안전부가 부적절하다고 판단하면 조례 수용을 거부하는 방법으로, 자의적으로 거부권을 행사할 수 있다.

청소년의 달 기념행사

파주형 긴급생활 지원금
지급현장 근무

파주와 허준 한방 의료산업 심포지엄

윤유현(서대문구의원)

dm900@naver.com

- 광주 대동고 4회 졸업
- 서울 서일대학교 일어과 졸업
- 서울문화예술대학교 사회복지학과 졸업
- 명지대학교 경영대학원 졸업(석사)

전) 롯데호텔(주) 총무 · 경리 · 관리 · 판촉지배인 22년 근무

전) 서대문구의회 제6회 예산결산위원장

현) 더불어민주당 동북아평화협력 특위 분과 위원

현) 생활정치아카데미 텃밭포럼 전국연합 공동대표

현) (사)장애인 행복복지 총 연합회 이사장

전) 제8대 전반기 서대문구의회 의장

상훈 및 저서

- 대한민국 환경안전실천대상 기초대상부문(2018.11.01)
- 서울사회복지대상 복지정책부문(2018.12.07)
- 한국을 빛낸 자랑스러운 인물대상 의정활동부문(2018.12.15)
- 제1회 나눔과 배려 복지대상 지역발전부문(2019.12.02)
- 매니페스토 365 캠페인〈소통대상〉수상(2020.06.19)
- 저서: '대마도는 우리 땅' 출간 예정

완장의 정치 vs 머슴의 정치

01 정치권으로 들어가기 위해서

전남 강진군 대구면 수동리 556번지에서 태어나 초·중학교를 다니고, 광주 대동고등학교를 1979년 졸업한 해 2월부터 서울 서대문구에서 살아왔다. 그러니까 40년 넘게 살아온 나로서는 제2의 고향이다. 군대 전역 후 1983년 12월 12일, Lotte HTL 임시직으로 입사하여 18명 다양한 부서총무, 관리, 경리, Housekeeping, 판촉 지배인에서 근무하면서 공부했다. 이후 퇴직 준비를 하면서 뜻한 바 있어 퇴근 후에는 야간방범 순찰, 동네 직능단체 활동을 하면서 주민들에게 얼굴을 알렸다.

원래 롯데호텔에 연회 판촉에서 근무할 때 어카운트가 국회 체육단체여서 국회 출입이 많았다. 당시에 광주 대동고1회 친구인 이홍래 중앙단 청년 부국장 겸 김대중 대통령 수행도 하는 친구 권유로 중앙당 당직체육 부위원장도 얻게 되어 잠깐 중앙당 생활을 하게 되었다. 그리하여 롯데호텔에서 만22년 근무하고 퇴직한 후 민주당에 입당하여 후농 김상현 의장 6선의 셋째 아들인 김영호 원외위원장현재 재선국회의실을 처음 만났다. 그러던 중 2010년 6월 3일, 지방선거에서 경선 끝에 불리한 번호인 기호 '2-나' 번으로 당선되어 6대 서대문구의회에 초선의원으로 입성하여 정치에 입문했다.

2010년 6.2 지방선거 사무실 개소식

내가 정치에 발을 들여놓은 것은 느닷없는 일이 아니다. 나는 일찍이 지역사회에서 꾸준히 봉사 활동을 해오는 한편 시민으로서 풀뿌리 정치마당에서 활동해온 터였다. 그러다가 지역민을 위해 좀 더 실질적이고 효과적인 정치를 펼치기 위해 기초의원에 출마한 것이다.

나는 보통시민으로, 사업가로 살면서 완장 찼다고 갑질하는 정치인을 너무나 많이 봐왔다. 그들은 같은 완장끼리는 주거니 받거니 잘 지내지만, 보통시민은 아무리 좋은 의견을 내도 뭘 아느냐는 식으로 무시하고부터 봤다. 나는 속으로 그런 행위를 '완장의 정치'라고 부르며 혀를 찼다. 그래서 나는 만약 정치판에 들어가게 되면 '머슴의 정치'를 하리라 굳게 다짐했던 터였다. 그래서 슬로건이 "서대문의 머슴"이었다.

나는 정치에 발을 들인 이후 실제로 머슴의 정치를 하리라고 한 다짐을

한시도 잊지 않았다. 그런 노력을 인정받았는지 2019년 12월, 서대문구
의회 의장으로 재직하는 가운데 '나눔과 배려 복지대상'을 수상하는 영
예를 안았다. 장애인복지채널 복지TV와 사회복지법인 곰두리복지재단,
장애인신문이 공동으로 주관하는 이 상은 숭고한 인류애의 정신으로 헌
신적인 봉사활동을 다해 사회복지 증진에 기여한 단체와 개인에게 수여
하고 있다. 나는 초선의원으로 활동할 당시부터 "진정한 구의원은 구민의
머슴이 되어야 한다"고 공공연히 이야기해 왔다.

이는 주민의 가장 가까이에서 그들의 삶을 지켜보고 주민들이 힘들어하
는 민원과, 풀어야 할 숙제를 해결해주는 것이 구의원의 존재 이유라고 여
겼기 때문이다. 이에 주민들을 위한 일이라면 쓰레기 청소나 하수도관에
들어가는 일도 주저하지 않았다. 또한 멀쩡한 하수관을 교체한다기에
1,200mm 하수관에 업체소장, 감리, 본 의원, 집행부 담당자와 같이 들어
가 결국 하수관을 교체하지 않기로 해서 7,500만 원의 경비 절감을 했다.
나는 앞으로도 초심을 잃지 않고, 구민의 삶의 질 향상과 복지증진을 위
해 최선을 다해 의정활동을 펼칠 것이다. 그리고 나는 평소에 역사에 대
한 관심을 갖고 대마도에 대해 공부하고 있으며 "대마도는 우리 땅" 원고를 탈고하여 책으로 출간 예정에 있다.

대마도 현지에서 퍼포먼스

02 현장에 답이 있다

발로 뛰는 정치가 말처럼 쉬운 게 아니다. 처음 얼마간 넘치는 열정으로 하는 거나 남들 보여 주기 위해 간간이 하는 거는 어렵지 않다. 하지만 5년이고 10년이고 한결 같이 꾸준히 하기는 정말 어려운 일이다. 우리 정치인의 진정한 정치현장은 의회나 집회현장이 아니라 주민들의 구체적인 삶의 현장이다. 그 삶의 현장을 누비고 그 현장에서 함께 부대끼는 것은 몸도 고달프지만, 그보다는 마음이 아파서 견디기가 어렵다. 그러나 진정한 정치인이라면 그런 고달픔이나 고통도 달게 받아야 한다.

회기 말이 되면 국회에서 국정 질문을 하듯이 지방의회에서는 구정 질문을 한다. 그런데 발로 뛰는 정치를 하지 않으면 그 질문에 구체적이고 생생한 주민 삶의 현장을 담을 수 없다. 그래서 구정 질문은 해당 의원의 그 한 해 의정활동의 핵심이 고스란히 담긴 의정 백서라 해도 과언이 아니다.

　나는 평소 의정활동을 펼치면서 민원이 들어오면 즉시 또는 날짜 시간을 정해서 필히 현장에서 수첩에 메모하며 현장의 목소리를 듣는다. 물론 구두로 가능한 민원이라도 직접 현장에 가서 확인하고 소통하는 것이 한결 빠르다. 물론 민원처리가 늦을 시 피드백을 꼭 해드린다. 그 동안 수십 개 수첩과 A4용지 민원일지 7권을 보유하면서 별도로 관리하고 있다. 항상 주민의 다양한 목소리를 기울여 듣고 정책에 반영하고 있다.

민원수첩과 민원일지

　그리고 구정 질문은 주민의 복리 증진과 삶의 질을 향상시키고, 주민의 불편사항이 구정에 적극 반영될 수 있도록 구청장집행부에게 질문하는 것으로, 본의원이 2010년 6월 13일 지방선거에 입성한 후 제180회 2011년 9월 7일 구정조보를 통해 불광천, 북가좌 1,2동에 속해 있는 해담는 다리 옆에 소규모 공연장을 만들어 달라고 구정질문을 하여 구청장으로부터 적극 검토하겠다는 답변을 받아 그 다음해 2012년 3월 29일부터 5월 29일까지 2개월에 걸쳐 400석의 완공이 되었다. 그동안 각종 축제 등 문화 행사를 많이 가져와 아주 폭발적인 호응을 받았으며, 이제는 축제장에 사람들이 너무 많이 찾아오면서 수용 인원이 한계에 이르게 되었다. 그래서 2021년 12월 본예산 심의 때 본의원이 4억 5천만 원의 예산 편성을 성사시켜 드디어 2022년에 설계에 들어가면서 더 큰 규모의 공연장이 탄생될 것이며, 이로 인해 예전처럼 무대 좌석이 부족해 서서 관람하는 일은 없게 되었다.

그리고 2013년 본회의에서 이웃 홍은동과 천연동에는 보건지소가 있는데 우리 가좌동에는 없다는 사실을 지적하여 보건지소 설치를 강력히 요청하여 적극 검토 약속을 받아 드디어 북가좌 1동 주민센터 3층에 가좌 보건지소가 설치되어 많은 주민들 특히 어르신들이 혜택을 받고 있다.

또한 북가좌초교사거리로 명명하여 표지판을 설치함으로써 기존의 북가좌사거리와 혼돈하지 않도록 했으며, 응암오거리처럼 북가좌오거리를 명명하여 표지판을 설치하였다.

2020년에는 본회의에서 남가좌동사거리를 명지대사거리로 명명하여 표지판을 설치하는 안을 요구하여 주민들이 혼돈하지 않도록 했고, 남가좌동사거리를 명지대사거리로 개명해서 표지판 설치를 요구하며 표지판을 설치했다.

또한 구정 질의시 북가좌동에 소규모 주차장을 확충하는 문제와 이어 남가좌동 백련시장 내 개보수 개선사업에 관해 물었다. 지난번 임시회 때 서면으로 질문한 내용인데, 본예산에 잡아주겠다고 해놓고선 2022년 본 예산에 빠져있어서 다시 질문을 통해 내막을 추궁했다. 네 번째 질문은 북가좌1·2동 불광천 유지보수 관련 건인데, 나는 실제 답사를 통해 파악한 문제점을 중심으로 아주 세세하고 구체적인 질문을 통해 다음은 질의 내용 중 일부인 문제를 개선할 것을 촉구했다.

"먼저 불광천에 유지보수 관련하여 4건 중 불광천 관련 1번 내용입니다. 불광천 보행로에 좌·우측(→) 보행 표시 도색 요청사항으로 현재 은평구 주관하에 불광천 좌·우안 일방통행 추진을 위한 설문 조사 결과에 따라 노면 표시 정비를 한다고 하였는데 지금까지 담당으로부터 보고 한 번 못 받아 봤습니다. 다음은 불광천 관련 2번 내용입니다. 서면답변을 보시면 증산3교~와산교 하부1.1km 중앙분리대는 이미 설치되어 있다고 하셨는데 본의원이 지난 6대 때 2011년 7월 1일자 구정 질문에서도 밝혔듯이 보행로와 자전거도로 사이에 중앙분리대 설치를 강력히 요구하여 조치를 해주기로 약속하였으나 흐지부지되고 말았습니다. 1구간 400m와 군데군데 약 300m가 설치가 안 된 채 누락되어 있어 나머지 구간도 빨리 중앙분리대를 설치해 주시기 바랍니다. 중앙분리대란 그곳에 회양목을 식재하고 10m 간격으로 황금측백을 식재해 주시면 안전사고도 없을뿐더러 깔끔하게 재탄생 될 것입니다. 다음은 천변에 10m 간격으로 나무식재를 요구했습니다.

자료에서 보시다시피 서면으로 한 구정 질문 답변내용입니다. 〈하천법 제46조 제7항에 의거 하천의 흐름에 지장을 주는 형태로 하천에 금지 강우로 인한 하천 유량 증가 시 유실 가능성이 크다. 관리가 어려운 것으로

사료됨)

자, 여기 좀 보시겠습니다. 이곳은 불광천 은평 구간 2.9km입니다. 사진에서 보듯이 나무들이 매우 많지요. 그리고 벤치도 많고 또 음악 분수대며 공연장 규모도 크고. 다음은 불광천 마포 구간 1.4km입니다. 마포 구간이 세 군데 구에서 길이가 가장 짧지요. 그런데도 여기 좀 보세요. 이거 올해 심은 것입니다. 나무를 심어서 지지대까지 설치한 것이 수십 주 아니 최소 100주는 될 것 같습니다. 바닥에 방향 표시도 보세요. 잘되어 있잖아요. 반면에 우리 서대문 구간 중 두 번째로 긴 1.54km인데요 한번 보실까요.보시다시피 오래되어서 큰 나무가 식재되어 있었고요. 많은 비가 와서 홍수로 인해 하천의 흐름에 지장을 준다고 하셨지요. 또 강우로 인해 하천 유량 증가 시 유실 가능성이 크다고 하셨지요? 그래서 서면 구정 질문 답변서에 관리가 어려울 것으로 사료된다고 하셨지요? 정말 어처구니가 없습니다. 제가 마포구 녹지과 담당과장과 팀장에게 다 확인해 보았습니다. 그래놓고 우리 구청 안전치수 과장은 벌써 본의원이 지난번 9월 임시회 때 서면 질의로 마포구는 식재를 잘해 놨다고 하니까 오히려 마포구청 녹지과에 전화를 걸어 왜 거기서 나무를 심어서 우리를 곤란하게 하느냐고 통화까지 했다니, 참으로 서글프고 안타깝기 그지없습니다. 제발 무사안일주의 복지부동 자세, 시정하시기 바랍니다" 라는 구정질문을 하였습니다.

03 청년이 사는 도시를 꿈 꾼다

 오늘날 언론을 중심으로 사람들은 '지방 소멸' 을 말하고 있지만, 인구 절벽이 현실화하고 있는 상황에서 서울이라고 해서 소멸을 비켜 갈 수는 없다. 시간 차이가 있을 뿐이다. 같은 서울에서도 어떤 곳은 소멸을 향해 가고, 어떤 곳은 정체가 될 것이다. 어떤 곳은 조금씩 늘어날 것이지만, 그도 한계 시점에 이르면 결국 소멸을 향한 기울기를 막지 못할 것이다.

 그러므로 소멸을 막는 근본적인 대책은 청년 주민을 늘리는 수밖에 없다. 도시고 농촌이고 청년이 북적거려야 활기가 넘치고 지속 가능한 발전을 이룰 수 있다. 그래서 나는 청년들의 삶에 주목하고, 어떻게 하면 우리 구가 청년들이 살기 좋은 구가 될 수 있을까를 오랫동안 궁리해왔고, 정책에 반영하려고 애썼다.

 현재 우리 구는 서대문구를 중심으로 생활하고 있는 대학생들뿐 아니라 사회초년생들이 주거 걱정 없이 살 수 있도록 적극적인 정책을 펼치고 있다. 그야말로 청년이 살기 좋은 '청년 도시'를 만들고자 한 것이다.

나는 한마디로 청년 정책 마련에 주춧돌을 쌓아온 것이다. 행정구역상 대학가가 밀집되어 있다 보니 청년에 대한 관심도가 높아진 측면도 있다. 신촌에 큰 규모의 대학이 2곳이나 있고 신촌 외에도 서대문구에는 아홉 개의 대학이 있어 청년이 많은 도시다. 그러다 보니 자연스럽게 1인 청년 가구가 서대문구를 중심으로 거주하고 있다. 그러나 드라마의 낭만과 달리 현실은 녹록지 않다.

하숙집이 너무 낡거나 좁고 비싸서 청년들이 주거지를 찾는 데 어려움이 많다. 서대문구의 1인 가구 정책이 대부분 '청년'에 초점이 맞춰져 있는 배경 역시 이 때문이다. 서대문구는 1인 가구 문제가 떠오르기 전부터 청년들의 주거 문제 해결을 위해 다양한 정책을 펼쳐왔다.

실제 2011년에 대학생 임대주택인 홍제동 꿈꾸는 다락방 1호를 시작으로 2014년에는 천연동 꿈꾸는 다락방 2호를 개관했고, 같은 해에 홍제동에 대학생 연합기숙사를 유치했다.

2016년에는 28명의 청년들이 입주한 이와일가, 2018년에는 포스코 1% 나눔재단과 협업하여 서대문구가 부지남가좌2동를 제공하고, 포스코에서 건물을 지어 18명의 청년들에게 청년누리 셰어하우스를 공급했다.

2019년홍은동 논골에 공급한 청년미래공동체주택은 1인 청년가구와 독립·민주유공자 및 유가족, 신혼부부가 함께 어울려 사는 융합형 주택으로 60명의 청년들에게 보금자리를 제공하고 있다. 22장0년 3월에는 16명의 청년들에게 청년주택 4호를 공급했고, 하반기에는 국내 최초로 반려동물을 키우는 청년들을 위한 주택 견우일가를 공급했다.

다양한 청년 정책 가운데 2022년 말 신촌지역에 청년 창업인을 위한 165호 규모의 청년주택 공급을 추진했다. 특히 이는 스타트업 청년들이 주거비 부담과 통근에 대한 부담도 덜면서 스타트업 공동체를 형성해 긍정적인 방향으로 이끌 수 있도록 한 것이다.

서대문구는 오래전부터 교육과 대학의 도시여서 과거부터 현재까지 젊은 인구가 많다. 특히 학업과 취업 등으로 이어지면서 서울 시내 다른 구에 비해 청년들이 많이 몰리고 이곳을 중심으로 삶의 터전을 넓혀가는 곳이라 할 수 있다. 그러다 보니 이들 대부분은 1인 가구 형태로 생활하는 경우가 다반사다. 대부분이 청년과 사회 초년생이다 보니 현실적으로 월세 등 경제적 압박을 느껴야 하는 곳에서 살고 있고, 더불어 주거환경도 열악할 수밖에 없다. 그만큼 우리의 청년들이 불안한 주거환경에서 생활하고 있다는 것이다.

다른 무엇보다도 사람들이 어떤 환경에서 사느냐 하는 부분은 삶의 질을 좌우한다. 그래서 서대문구는 물론 우리 구의회는 무엇보다도 우리 청년들이 깨끗하고 안전한 환경에서 경제적 걱정 없이 오래오래 서대문에서 살아갈 수 있도록 돕고자 하는 것이다.

현재 우리나라의 1인 가구 비율은 전체의 30%585만 가구에 이른다. 1인 가구가 늘어나면서 그만큼 다양한 문제가 발생하고 있다. 이 가운데 빈곤과 질병은 심각한 사회적 문제로 드러나고 있다. 국내 1인 가구는 소득과 자산 수준이 국민 평균의 36%에 불과하다고 알려져 있다. 1인 가구가 급격히 증가하면서 전통적인 가족제도는 물론 주거, 고용, 문화, 복지, 교육 등 모든 분야에서 변화에 대한 전방위적인 대응책이 절실히 필요하게 되었다.

그래서 청년 도시를 만들 필요가 있다. 현재 1인 가구를 위한 기본 정책은 이들의 먹고사는 문제부터 해결해주는 방향으로 가야 한다. 서대문구에는 청년 1인 가구가 많다 보니, 자연스럽게 이 청년들의 먹고사는 문제를 해결해주는 정책을 펼쳐야 살기 좋은 도시를 만들 수 있다고 생각한다.

송영길, 김영호 국회의원과 함께

04 '완장의 정치'는 시대착오적인 유물이다

완장腕章은 사전에 "자격이나 지위 등을 나타내기 위하여 천이나 비닐로 만들어 팔에 두르는 띠"라고 나와 있다. 완장, 하니까 나도 고교시절 선도부 활동을 할 때의 완장이 떠오른다. 그 완장 찬 선도부 애들은 잘난 척하며 거들먹거리고, 완장의 힘을 빌려 선도라는 명분으로 힘없는 아이들을 괴롭히기까지 했다.

완장, 하면 윤흥길의 소설〈완장〉이 유명하다. 이 소설을 원작으로 1989년에 8부작 미니시리즈 TV 드라마가 방영되었다. 이때 주인공 임종술 역으로 나온 조형기의 연기가 인상적이었다. 하릴없이 건들거리던 한량이 벼락감투를 썼다고 해야 할까, 뜻하지 않게 완장 찬 사람의 전형적인 모습을 실감 나게 보여 준 것으로 기억한다. 이때의 대사 한 대목이 인상적이다.

"눈에 뵈는 완장은 기중 벨 볼일 없는 하빠리들이나 차는 게여. 진짜배기 완장은 눈에 뵈지도 않어. 완장 차고 댕기는 사장님이나 교수님 봤어?"

보이든 보이지 않든 '완장'은 마약이다. 그중 가장 강력한 약효를 보이고 사회를 좀먹는 것은 비뚤어진 권위 의식이란 완장이다. 이 완장은 본인보다 약해 보이거나 지위가 낮다고 생각하는 사람에게 유독 힘을 발휘한다. 권위의식은 어디서 비롯되는 것일까? 개인의 성격일까, 사회 시스템 문제일까?

앞의 드라마에서 주인공 임종술은 홀어머니와 하나뿐인 딸에게조차 다정한 말 한마디 할 줄 모르고 온갖 패악을 부리는 인물로 그려진다. 여러 가지 변명거리와 자존심으로 마땅한 수입도 없던 그에게 동네 저수지 관리인이라는 완장이 떨어진다.

2014년 개소식. 우) 이홍래 마사회 유도감독, 김미경 은평구청장, 문석진 서대문구구청장,
장재식 (전) 산자부장관, 김영호 국회의원, WBC세계챔피언, 조상호 시의원

공유수면관리법으로 낚시가 금지된 저수지에서, 완장을 차기 전의 임종술은 주인이 뭐라 하든 말든 저수지는 동네 주민의 것이지 당신 것이 아니라며 낚시를 해왔다. 하지만 그가 완장을 찬 후부터 그는 누구든 낚시를 못 하게 하고, 가뭄에 모내기조차 할 수 없는 농민들에게 물을 대는 것마저 반대하는 아이러니를 보인다.

이런 임종술의 행실은 우리나라 정치인들의 모습에서 가끔 볼 수 있다. 완장은 권력을 대변하는 매개체다. 권력이 사람을 변하게 만드는 것이다. 정치와 법의 이름 앞에 살아가던 국민 중 누군가가 정치인이 되는 모습을 연상시킨다. 그렇게 얻은 권력으로 과거 힘없던 시절 자신이 당하고 느꼈던 부적절한 것들을 시정하는 것이 아닌 기득권자의 입장에서 일반 서민의 생활을 등한시하는 모습, 공익을 위해서가 아닌 자신을 위해서 일하고 있는 완장의 모습, 권력이 다 해서 힘없이 물러나고 때론 사람

(전) 청와대 비서실장 임종석

(전) 청와대 민정수석 강기정

들에게 원성과 비난을 받는 모습까지, 소설은 임종술과 동네 사람들과의 관계를 통해 권력의 속성에 대해 세밀하게 묘사하고 있다. 즉, 권력은 누구나 동경하지만, 막상 얻으면 변하기 쉽고 권력을 잃는 순간 덧없음을 적나라하게 보여 주고 있다. 그러기 때문에 나는 2014년 6월 13일 7대 지방선거에서 41표로 낙선해봐서 그런 생리를 누구보다도 잘 알고 있다.

현재 우리 사회 곳곳에 '갑질'이라는 신종 완장 문화가 만연해 있다. 갑질 문화를 근절해야 한다는 목소리는 높아지지만 "내가 살기 위해서는 타인의 위에 있어야 한다"는 무한경쟁 사회에서 갑질이 없어질 거라고 생각하는 것은 착각이다. 사회 구조를 좀먹는 갑질이란 마약을 근절하기 위해서는 경쟁이 아닌 협업과 상호부조라는 새로운 사회 시스템을 구축하는 것만이 답이라고 생각한다.

2011년 11월 1일
민주당 중앙당 단배식.

2016년 4월13일 총선 때 홍제천 유세현장

의정활동을 하며 특히 힘들었던 때라서 잊을 수가 없는 시절이 있다. 때는 북가좌2동사거리 위 지금의 평화약국 맞은편에 당시 폭우가 쏟아지면서 하수관이 막혀 역류되어 일대 주변 빌라들의 지하방에는 물이 가득 차고 심지어 큰 도로에도 홍수가 난 것처럼 물살이 쏟아졌다.

당시 나는 동네에서 지인들과 식사를 마치고 담소 중이었다. 21시 30분경 주민으로부터 한 통의 전화를 받게 되었다. 폭우로 인해 방에 물이 가득 찼다고 하여 즉시 현장으로 갔다.

그때부터 중노동이 시작되었다. 중요한 물건들은 밖으로 걷어내고 본격적으로 세숫대야로 물부터 퍼내기 시작했다. 한 시간을 혼자서 물을 푸다보니 그때서야 동 주민센터도 연락을 받았는지 공익요원이 한 명 들어왔다. 둘이서 또 열심히 물을 펐다. 땀은 비 오듯 흘리고 손바닥이 쓰라렸다. 너무 아파 손바닥을 보니 한쪽에 물집이 터지고 또 한쪽은 물집이 동그랗게 부풀어 있었다. 어느 정도 물이 잡히자 또 밖으로 나가보니 이웃에서도 물을 푸느라 주민들과 공무원이 보였다. 어느 어르신이 혹시 구의원 아니냐고 물어보았다. 나를 알아보고 있었다. 하수관이 막혀 역류현상이 일어나서 피해가 더 컸던 것이다.

또 다른 골목으로 이동하여 도움을 요청한 곳에서 공익요원과 새벽 2 시까지 물을 폈다. 그때서야 집행부에서 담당 국장, 과장들이 나왔다. 늑장 대응했다고 지적했다. 다음날에 다행히 날씨가 화창했다. 그리고 물도 어느 정도 다 빠지고 이제는 물에 젖은 이불, 옷, 등 각종 물건들을 밖으로 빼는 작업을 해야 했다. 그래서 나는 불현듯 묘수가 떠올랐다. 많은 인원이 필요했다.

내가 소속된 생활체육 북가좌 축구회 회원들을 불러내 동네 골목과 다세대 주택에서 20여명이 봉사를 해주었다. 그러던 중 오전 10시쯤 동네 어르신이 어젯밤에 물 푸던 구의원 아니냐고 또 물어보았다. 그렇다고 말씀드리고 명함을 드리며 어려운 일 있으면 연락 주시라고 하자 연신 고맙다며 돌아갔다. 기초의원 하면서 가장 보람된 순간이었다.

그렇다. 아직도 우리 사회 곳곳에는 아무도 보지 않는 곳에서 묵묵히 열심히 남을 배려하고 봉사하며 살아가는 사람이 많다. 뿌듯한 보람이 느껴졌다. 당시 선거 때 2번에는 나! 하고 엄청 동네를 돌아다녔기 때문에 아! 선거운동 구호가 그렇게 주민들에게 각인이 되었구나 하고 당시 선거 운동원들에게 다시금 감사드립니다.

30th
창간30주년

주간인물

Vol.1120

서대문구 주민들을 향한 信賴와 열린 義正 실현
기초의회가 나아가야 할 방향을 선도하다

윤유현 서울특별시 서대문구의회 의원
8대 서대문구의회 전반기 / 의장

2021. 7. 1
국내최초 인물시사주간지
WWW.WEEKLYPEOPLE.CO.KR

서대문구 주민들을 향한 信賴와 열린 義正 실현

기초의회가 나아가야 할 방향을 선도하다

윤유현
서울특별시 서대문구의회 의원
8대 서대문구의회 전반기 / 의장

· 광주 대동고 4회 졸업
· 서울 서일대학교 일어과 졸업
· 경기대학교 서비스 경영대학원 수료
· 명지대학교 경영대학원 재학
· 전) 서대문구의회 제6대 의원 / 예산결산위원회 위원장
· 전) 서대문구의회 제8대 전반기 / 의장
· 현) 더불어민주당 동북아평화 협력특위 분과위원
· 현) 생활정치아카데미 뒷밭 포럼 전국연합 공동대표

[수상이력]
· 대한민국 환경안전실 건대상 기초단체부문
  2020년 매니페스토365캠페인소통대상 수상
· 2019 서울사회복지대상 복지정책부문
  「제1회 나눔과 배려 복지대상」
· 2018 한국을 빛낸 자랑스러운 인물대상 의정활동부문

주민의 가장 가까이에서 그들의 삶을 지켜보고 주민들이 힘들어 하는 부분을 해결해주는 것이 구의원의 역할이다. 주민들을 위한 일이라면 쓰레기 청소나 하수도관에 들어가는 일도 주저하지 않고, 심지어 음식물 수거까지 손수하는 등 '구민의 머슴'임을 자처하는 않는 인물이 있어 만나보았다. 주민들 곁에서 목소리를 듣고, 구민들이 원하는 살기좋은 서대문구로 변화를 이끄는 윤유현 의원을 만나보았다. _우호경 취재본부장 주정아 기자

구민의 머슴임을 자처하는 구의원

윤 의원은 2010년 7월 서대문구 의회에 처음 발을 들여놓자마자 현장을 파악하고 구민들의 의견 수렴을 위해 선택한 일은 음식물 쓰레기 분리수거였다. 어느 정치인과는 다르게 시작부터 낮은 자세로 분리수거 차를 타고 다니며 환경미화원들의 업무를 돕고 그들의 고충을 듣고자 한 것.

"당시 환경미화원분들의 도움으로 장갑 3개를 겹쳐 끼고 작업했었만, 쉽지 않았어요. 며칠간 손에서 냄새가 가시지 않더군요. 우리 사회에서 가장 힘든 직업을 가진 분들을 돕기 위해 앞장서야겠다는 각오를 했습니다."

서대문구 구민들은 그를 '탱크'라고 부른다. 2019년 8월에는 지역의 하수관 공사예산이 다소 과다하게 책정된 것을 파악하고, 스스로 작업복을 입고 하수관으로 들어갔다. 그 당시 한여름에 지름 1200mm 하수관은 역겨운 가스로 가득 차 있었지만 약 100m를 걸어 다니면서 하수관 상태를 직접 점검했다. 그 이후 건설사 담당자, 구청 공무원과 회의를 열어 40m 구간의 공사는 진행하지 않도록 요청하여 주민의 세금으로 조성된 예산인 7천5백만원을 절감하는 성과를 거뒀다.

윤 의원은 특히 복지 예산에 관심을 집중하고 있다. 그 이유는 서대문구 전체 예산 40%에 육박하는 1,200억원이 복지 예산으로 배정되어 있지만, 여전히 많은 저소득층이 고통을 받고 혜택을 받지 못하고 있기 때문. 특히 그는 '치매로 고생하시다가 2002년에 돌아가신 아버지를 돌보기 위해 전 가족이 7년을 고생한 경험'이 있기에 노인 문제에 각별한 관심을 기울이고 있다.

그는 "저소득 노인을 위해 뛰어다닌 성과로 북가좌동에 보건지소가 새로 생겨 보람을 느낀다"고 전했다. 일곱 권에 달하는 손때 묻은 수첩에는 곳곳에서 전해온 민원들이 빼곡하게 적혀있다. '자신의 보물'이라 말하는 그의 미소가 정겹다. 주민의 가장 가까이에서 그들의 삶을 지켜보고 주민들이 힘들어하는 부분을 해결해주고 실행에 옮기는 진정한 생활 정치인의 모습이 보였다.

본회의 진행

힐링카페 개소를 축하하며

코로나19 격무 부서 격려방문

코로나19 관련 방역작업

관내 공사현장 철거 점검

주민과 함께하는 정월대보름 윷놀이대회

서대문구의회 신청사 공사현장

크리스마스 거리축제

북아현 119 안전센터 개소식

아프신들과의 만남

8대 서대문구의회 전반기 / 의장, 의정 활동 왕성

2018년 7월 출범한 8대 서대문구의회 의장을 맡았을 당시, 의원들의 입법 활동이 눈에 띄었다. 8대 의회 개원 후 의원들이 발의한 조례안이 전체 중 50% 이상을 차지하였으며, 전반기 1년 동안 의회에서 처리한 조례안은 총 67건, 이중 의원 발의는 36건에 달했다. 이는 구의원의 가장 중요한 의무인 주민을 위한 입법 활동을 그 어느 때보다 성실하게 수행했음을 나타내는 근거다.

특히 36건의 의원 발의 조례는 구민 생활 전반을 세심하게 개선하고 남녀노소 더불어 살기 좋은 정책을 만들었다는 평을 받았다. 특히 무분별한 해외 연수를 원천 봉쇄하는 것뿐만 아니라 직무수행 중 부당이득이나 이권개입 등을 강력히 규제, 청렴하고 공정한 기초의회를 만들고자 성실히 수행했으며, 입법 활동 외에도 구민을 대표해 집행부를 견제, 감시하고 예산이 적재적소에 쓰일 수 있도록 철저히 심사했다. 또한, 행정사무감사를 통해서는 211건의 지적사항을 제시했고 '구정에 관한 질문'도 77건을 진행했며 '2018년도 결산의 승인'과 '2019년도 예산심의 활동(약5500억)' 역시 분야별 비교 분석과 날카로운 검증 아래 진행을 하는 등 모든 의정 활동에서 적극적인 참여와 눈에 띄는 성과를 거뒀다.

윤 의원은 1년 365일 언제나 행정사무 감사에 대한 주민 의견을 접수, 주민참여 시대를 선도하고 있다. 예전에는 행정사무 감사가 열리기 30일 전부터 한시적으로 받던 주민 의견을 연중으로 확대한 것이다. 이는 서울시 기초의회 중 최초 시도한 것으로 지방의회 문턱을 낮춘 대표적인 사례다. 서대문구의회는 8대 의회 출범 초부터 관내 곳곳에서 구민들을 만나 목소리를 폭넓게 듣고 의정 활동에 반영하고 있다. 그 결과 행정사무 감사 연중 확대 시행으로 서대문구민들은 365일 24시간 행정 건의나 생활 불편사항이 있으면 의견을 접수하여 11월 열리는 행정사무 감사에 적극적으로 반영하고 있다. 의견 처리결과는 행정사무 감사 후 개별적으로 통보한다.

"구민들의 의견 하나하나가 우리 서대문구를 발전시키고 투명한 행정 집행의 밑거름이 될 것"이라면서 구민들의 많은 관심과 참여를 당부했다.

구민들이 더 좋은 환경에서 생활하도록 더욱더 고민하고 앞장서서 뛰겠습니다

윤유현 의원은 다산 정약용 선생의 유배지였던 전남 강진 오지에서 장남으로 태어났다. 부친이 면서기였던 환경 탓에 어린 시절부터 꿈은 공무원이었다. 그 당시 집안 형편이 어려워 군대 제대 후 바로 롯데호텔에 취직한 그는, 임시직으로 다니다가 5년 만에 정규직으로 일하면서 낮에는 일하고 밤에는 야간대학을 다니면서 주경야독을 했다.

"그 당시 월간 신동아 잡지를 보면서 시사에 관심을 끌게 되었고 세상에 대해 눈을 뜨게 되었어요. 광주사태 5.18을 직접 경험하진 않았지만, 고등학교 선후배들이 죽어가는 것을 보고 큰 충격을 겪었죠. 특히 제가 사는 고향이 다른 지역보다 교통은 물론 교육적 차별이 너무 심하다는 것을 알게 되었고 이건 아니라는 생각에 그 이후로 공부를 해야겠다는 다짐을 했어요."

윤 의원은 서일대 일어과를 전공하고 경기대 서비스경영대학원, 서울문화예술대학교 사회복지학, 현재는 명지대학교 경영대학원에 재학하며 학구열을 불태우고 있다. 초등학교 시절 씨름선수였던 그는 핸드볼 선수로도 활동할 만큼 스포츠에 두각을 나타냈던 강철체력의 소유자. 지금도 조기축구를 하면서 지역 주민들하고 소통하고 있다. 윤 의원은 "지극히 착한 것은 마치 물과 같다는 뜻으로 노자의 思想에서 물은 만물을 처롭게 하면서도 다투지 아니하는 세상에 으뜸가는 선의 표본으로 여기어 이르던 말인 上善若水(상선약수)"를 정치 철학으로 전했다.

광주 대동고 출신이기도 한 윤 의원. 광주 대동고는 2만 여명의 졸업생을 배출한 지역 명문고로 송영길 더불어민주당 대표(6회), 김오수 검찰총장(8회), 강기정 前 청와대 정무수석(7회), 정석환 병무청장(4회), 김용범 前 기획재정부 1차관(6회), 진희선 前 서울특별시 부시장 등 최근 광주 대동고 출신들이 각계각층에서 두각을 나타내며 주목받고 있다.

▶ 서대문독립만주축제

그는 작지만 강한 기초의회에 위상을 확립하는데, 힘을 썼으며 기초의회에 대한 국민적 신뢰를 높이기 위해 구의회 자체적으로 구의원의 도덕적 해이를 감시하고 투명한 의정 활동을 펼치도록 제도적인 장치를 만들었다. 또한, 자기반성의 자세로 의정 활동을 돌아보고 스스로 투명한 의정 활동을 이끌 수 있도록 그 어느 기초의회보다 먼저 나서서 새로운 길을 열어가고 있다. 윤유현 의원의 앞으로의 구정 행보 역시 기대해본다.

05 보다 나은 정책을 위한 의안과 의안 심사에 대하여

1) 의안의 의미와 종류

(1) 의안의 의미

의안은 의회 회의의 의제가 되는 것을 말한다. 넓은 의미에서는 회의에 제출된 안건을 말하고, 좁은 의미로 보면 지방의회에서 발의 또는 제출되어 의결을 기다리는 안건을 말한다. 가령, 조례안, 예산안, 결산, 동의안, 결의안 같은 것을 의안이라고 한다.

이때 명칭 끝에 안案이 붙는 것은 아직 의결되기 전의 안건이기 때문이다. 그러면 왜 위에서 보듯이 '결산안' 은 '안' 을 빼고 '결산' 이라고 하는 걸까? 결산은 '안' 이 따로 붙을 수가 없는 것이, 의결을 거쳐 확정된 예산안은 '안' 을 뗴 '예산' 이 된다. 그 예산을 집행 완료한 것이 결산이므로,

결산에는 '안'이 있을 수 없다.

그런데 모든 안건이 의안이 되는 것은 아니다. 일정한 형식과 내용을 갖추고 필요한 절차를 거쳐야 비로소 의안으로 성립된다. 절차에서는 의원, 위원회, 단체장과 같은 정당한 권한을 가진 사람이 발의 또는 제안하거나 제출해야 한다. 그 안에는 형식상의 하자가 없어야 하고, 절차가 적법해야 한다. 끝으로, 일사부재의의 원칙을 위배한 안은 안으로서 효력을 상실한다. 이는 의회 안건의 일사부재의의 원칙에 따른 것이다.

(2) 일사부재의의 원칙

일사부재의 원칙은 하나의 안건이 의회에서 부결되면 그 회기 중에는 다시 동일안건에 대하여 발의 또는 제출하지 못하는 것을 말한다. 국회법 92조와 지방자치법 68조는 "부결된 안건은 같은 회기 중에 다시 발의 또는 제출하지 못한다"고 규정하여 명문으로 일사부재의의 원칙을 천명하고 있다.

일사부재의의 요건은 네 가지로 요약된다.

첫째, '의결이 있을 것'이다. 일사부재의의 원칙은 하나의 안건에 대하여 이미 의회의 의결이 있는 때에는 그것과 동일한 문제에 대하여는 다시 심의하지 않는 것이다. 의회의 의사결정이 있었다는 것이 그 전제이므로 한번 의제가 된 안건이라도 그것이 철회되어 의결되지 않은 바에는 다시 제출하여 심의할 수 있다.

둘째, '부결된 요건일 것' 이다. 일사부재의의 원칙은 부결된 안건을 재의할 수 없다는 것이다.

셋째, '동일회기 중 적용' 이다. 일사부재의 원칙은 동일회기 중에 한하여 적용된다.

넷째, '요건의 내용이 동일할 것' 이다. 동일 요건은 안건의 종류나 명칭이 같다는 것이 아니고 안건의 내용이 같다는 것을 말한다.

(3) 지방의원이 발의할 수 있는 의안

의원은 조례안, 결의안, 건의안 등을 발의할 수 있다. 단지 권력분립형으로 구조된 지자체 성격상 예산안, 결산, 타 지자체와의 규약, 의견청취안, 행정기관의 설치와 정원의 개정 등과 같이 단체장의 고유 직무에 속하는 의안은 발의할 수 없다.

그런데 의원이 발의할 수 없는 의안을 포함하여 모든 의안은 지방의회의 심의·의결 과정에서 수정할 수 있다. 물론 결산에 대해서는 앞에서 설명한 대로 수정 자체가 성립되지 않고, 그 결과에 대해 정치적 책임을 물을 수는 있다. 수정안은 원안과 별개의 독립된 의안이 아니므로 독립된 고유의 의안 번호를 부여하지 않고 원 의안에 딸린 개념의 번호를 부여한다.

(4) 의안의 종류

[조례안 · 규칙안]

기본적인 자치법규인 조례나 규칙의 제정안, 개정안, 폐지안이 대표적이고 일반적인 의안이다. 지자체는 법령을 위반하지 않는 범위 내에서 그 사무에 관하여 조례나 규칙을 제정할 수 있다. 조례안은 지방의원의 발의, 위원회의 제안, 단체장의 제출이라는 세 가지 방법이 모두 가능하다. 이에 비해 규칙안은 개별 법령이나 조례에서 위임한 범위 내에서 단체장이 제정하는 것이므로 별도의 의회 심의 · 의결 절차가 필요 없다. 단지 의회 회의규칙과 같이 지방의회 내부 운영 관련 사항을 규칙으로 정하는 때에는 의회의 심의 · 의결을 거쳐야 한다.

[예산안, 결산, 기금]

앞에서도 말했듯이 예산 및 기금의 편성권은 지자체장의 고유 권한이므로, 의원이나 위원회가 발의할 수 없다. 제2차 정례회에서 심사하는 예산안은 회계연도 시작 40일 전광역자치단체는 50일 전까지 의회에 제출해야 한다. 그러면 의회는 회계연도 시작 10일 전 광역의회는 15일 전까지 의결하여 예산 집행에 차질이 없도록 해야 한다. 이때 심의 확정한 예산을 변경할 필요가 있을 때는 추가경정예산안을 제출하기도 한다.

결산에 관해서는 지자체가 회계연도 출납을 마감한 후 80일 이내에 결산서와 증빙서류를 작성하고, 지방의회가 선임한 검사위원의 검사의견서를 첨부해 5월 31일까지 지방의회에 제출해야 한다.

[동의안 또는 승인 안]

행정기관의 업무를 민간에 위탁하는 데 대한 동의안, 출자나 출연에 대한 동의안, 공유재산 관리에 대한 동의안처럼 법령이나 조례에 따라 지자체가 지방의회의 동의나 승인을 받아야 하는 의안이 있다.

출자나 출연에 대한 동의안은 단체장이 지방공기업과 출연기관의 고유사업을 예산으로 지원하기 전에 지방의회의 사전 동의를 받아야 할 때 제출한다. 출자는 지방재정법에서 법령에 근거가 있는 경우에만 허용하고 있다. 출연은 법령 이외의 조례에 근거가 있는 경우까지도 허용한다. 출연은 출연기관의 설립이나 기관의 원활한 운영을 지원하기 위한 것이다.

공유재산 관리계획안은 공유재산의 보호와 그 취득, 유지, 보존을 위한 지방의회의 동의 절차다. 지자체장은 해마다 공유재산의 취득, 처분에 관한 공유재산관리계획을 세워 예산안 의결 전에 지방의회의 의결을 받아야 한다. 또 공유재산의 사용료나 대부료를 면제하는 때, 공유재산에 영구시설물을 축조하기 위해 단체장 간에 합의하는 때에도 의회의 동의를 얻어야 한다.

그뿐 아니다. 지방공기업이 200억 원 이상의 신규 투자사업을 추진할 경우, 사업의 필요성과 타당성 등에 대하여 의회의 의결을 거쳐야 한다. 또 다른 지자체와 행정협의회를 구성하거나 지자체조합을 만들어 운영하는 때에도 제정 또는 개정되는 규약에 대하여 의회의 동의를 얻어야 한다.

[결의안 · 건의안]

지방의회 전체 의원의 의사를 모아 결의를 다지는 의안이 결의안이다. 그중 특별위원회 구성 결의안이 가장 대표적이고 중요하다. 이는 소관이 여러 상임위원회에 걸쳐 있는 사안이나 안건, 지역의 특정한 사안이나 안건을 한시적으로 논의하는 위원회다.

특정한 사안을 조사하기 위해 구성되는 조사특별위원회, 고위 공무원이나 산하기관 대표 후보자를 검증하는 인사청문특별위원회도 그 활동기간 연장안과 활동결과보고서 채택도 결의안으로 간주한다. 그밖에 지방의회가 지자체장의 독주나 전횡을 효과적으로 견제할 수 있는 제도적 장치들도 결의안의 형식으로 발의된다.

건의안은 지역사회의 현안이나 중대 사안에 대해 지방의회가 의견이나 요구사항을 제시한 의안을 말한다. 주로 지자체장, 정부, 국회에 지방의회의 주장이나 요구사항을 전달할 때 발의한다. 특정 지역사업의 촉구나 거부, 국책사업이나 국비 지원 요청 등이 있다. 비록 법적 구속력은 없지만, 정치적 의미에서 지자체장이나 특정 공무원에 대한 해임 또는 징계 건의안이 발의되기도 한다.

[의견청취안]

지자체 사업의 중장기적 기본계획 수립과 같은 중요한 정책을 결정하는 데 지방의회의 의견을 미리 듣도록 법령이나 조례에서 정하는 경우가 있는데, 이것이 의견청취안의 형태로 의회에 제출된다.

[의회 보고]

의회 보고는 의안의 형태는 아니지만, 본회의나 위원회의 안건으로 상정되는 경우도 있어서 중요하다. 지자체장이 법령에 따라 지방의회에 보고할 사안은 공기업 설립, 공유재산 변동액, 장기 미집행 도시계획시설의 현황과 향후 집행 계획, 각종 중장기 사업 계획, 행정사무 감사 및 조사 처리 결과, 청원 처리 결과, 결산 시정 요구사항 처리 결과 등이다.

2) 조례안에 관하여

(1) 조례안의 입안

지방의회에서 제정되는 자치법규가 조례다. 의회 심의를 위한 조례안을 만들려면 조례의 제정 범위를 고려해야 한다. 그에 관한 내용은 헌법 제117조(제1항), 지방자치법 제22조에 잘 나타나 있으며, 지방자치법 제24조는 기초지자체의 자치법규는 광역지자체의 자치법규를 위반해서는 안 된다고 명시하고 있다.

> **(헌법 제117조 제1항)** 지방자치단체는 주민의 복리에 관한 사무를 처리하고 재산을 관리하며, 법령의 범위안에서 자치에 관한 규정을 제정할 수 있다.
>
> **(지방자치법 제22조[조례])** 지방자치단체는 법령의 범위 안에서 그 사무에 관하여 조례를 제정할 수 있다. 다만, 주민의 권리 제한 또는 의무 부과에 관한 사항이나 벌칙을 정할 때에는 법률의 위임이 있어야 한다.
>
> **(지방자치법 제24조[조례와 규칙의 입법한계]** 시 · 군 및 자치구의 조례나 규칙은 시 · 도의 조례나 규칙을 위반하여서는 아니 된다.

조례안을 입안할 때는 비례의 원칙, 평등의 원칙, 신뢰보호의 원칙, 적법절차의 원칙, 체계정당성의 원칙, 포괄위임금지의 원칙 등 법제 일반 원칙을 준수해야 한다.

[법제의 일반원칙]

구분	내용
비례의 원칙	국가안전보장 질서유지 또는 공공복리를 위하여 그 제한이 불가피한 경우이어야 하고, 또 제한이 최소한으로 그쳐야 한다.
평등의 원칙	법적용과 법 내용에 있어 합리적인 이유가 없는 자의적인 차별을 하여서는 아니 된다.
신뢰보호의 원칙	행정기관의 일정한 명시적·묵시적 언동의 정당성 또는 존속성에 대한 개인의 보호가치 있는 신뢰는 보호해 주어야 한다.
적법절차의 원칙	입법·사법·행정 등 모든 국가작용은 정당한 법률을 근거로 하여야 하고 정당한 절차에 따라 발동되어야 한다.
체계정당성의 원칙	법령 상호간에는 규범구조나 규범내용에서 서로 상치되거나 모순되어서는 아니 된다.
포괄위임금지의 원칙	상위법령에서 조례에 위임하고 있는 사항에 대해서는 위임법령의 취지에 따라 조례로 정해야 하고, 규칙에 위임하는 경우에도 조례에 중요사항은 정하고, 규칙으로 정할 사항에 관한 기준이나 그 범위를 한정하여 위임하여야 한다.

조례안을 입안하려면 무엇보다 조례 입안의 기본원칙인 소관 사무의 원칙, 법령 범위 내의 원칙, 법률유보의 원칙, 견제와 균형의 원칙 등을 잘 살펴 위반과 모순이 없도록 해야 한다.

[소관 사무의 원칙]

조례는 해당 지자체의 사무에 대하여 제정되어야 하는 원칙을 말한다.

지자체는 고유사무인 자치사무와 개별 법령에 의거하여 지자체에 위임된 단체위임사무에 대하여 자치조례를 제정할 수 있으며, 기관위임사무에 대하여 제정되는 위임조례는 개별 법령에서 일정한 사항을 조례로 정하도록 위임하고 있는 경우에 한하여 제정할 수 있다. 소관 업무와 관련해서는 시도의 조례로 시군구의 사무에 대하여 규정할 수 없으며, 마찬가지로 시군구의 조례로 시도의 사무에 대하여 규정할 수 없다.

[법령 범위 내의 원칙]

앞에서 헌법 제117조와 지방자치법 제22조를 통해 알아봤듯이 조례는 법령의 범위 내에서만 제정할 수 있다. 법령은 법률, 대통령령, 부령, 조약, 국제법규, 행정규칙 등을 말한다.

[법령유보의 원칙]

법률에 조례안의 근거가 있어야 한다는 원칙을 말한다. 조례 입안과 관련한 법률유보의 원칙은 주민의 권리 제한 또는 의무 부과 및 벌칙을 정할 때는 법률의 위임이 있어야 하는 것으로, 지방자치법 제22조의 단서에 규정되어 있다. 그러므로 주민의 권리 제한, 의무 부과, 벌칙에 해당하는 조례를 제정할 때는 자치조례든 위임조례든 법률에 따른 위임이 있어야 하고, 그러한 위임 없이 제정된 조례는 무효다.

[견제와 균형의 원칙]

집행기관과 의결기관 사이의 권한 분리 및 배분의 원칙이라고 할 수 있다. 지방자치법은 지방의회와 지방자치단체의 장에게 독자적 권한을 부여하고 상호견제와 균형을 이루도록 하고 있으므로, 지방의회는 법률에 특별한 규정이 없는 한 견제의 범위를 넘어서 상대방의 고유권한을 침해하는 내용의 조례를 제정할 수 없다.

(2) 조례안의 구성

조례안도 문자로 표현되고 일정한 형식을 갖춘 문서로 작성하는 법률과 같은 형식으로 구성된다. 이처럼 조례안은 법률안의 일반적인 구성체계를 따르지만, 법률안에 비하면 조문의 수가 많지는 않다.

조례안은 제명, 본칙, 부칙으로 구성된다. 제명은 조례안의 제목이고, 본칙과 부칙은 조례안의 내용이다. 조례안의 본칙은 대개 조례안의 목적, 정의, 다른 조례와의 관계, 단체장의 책무, 위원회 구성 및 운영 등을 주요 내용으로 한다.

[제명과 구속력]

조례를 제정할 때는 그에 합당한 새로운 제목을 붙이고, 기존의 조례를 개정할 때나 폐지할 때는 기존의 제목 뒤에 해당 사항을 붙여 전체 제목으로 한다. 가령, ○○○ 조례 일부개정안, ○○○ 조례 전부개정안, ○○○ 조례 폐지안 하는 식이다. 조례의 전부개정은 기존 조문의 3분의 2 이상을 개장하는 것을 말한다.

조례안은 일정 수 이상의 지방의회의원이나 위원회 또는 지자체장이 발의하는데, 일정 수 이상의 주민이 지자체장에게 조례의 제정과 개폐를 청구할 수도 있다. 의원이 조례안을 발의하는 때에는 발의의원과 찬성의원을 구분하되, 해당 조례안의 제명의 부제로 발의의원의 성명을 기재해야 한다. 다만, 발의의원이 2명 이상인 경우에는 대표발의의원 1명을 명시해야 한다. 그리고 의원이 발의한 제정조례안 또는 전부개정조례안 중 의회에서 의결된 조례안을 공표 또는 홍보하는 경우에는 해당 조례안의 부제를 함께 표기할 수 있다.

조례란 지자체가 법령의 범위 내에서 그 권한에 속하는 사무에 관하여 지방의회의 의결로써 제정하는 규범으로, 기본적으로 불특정다수인에 대하여 구속력을 갖는 법규로 설명된다. 이러한 조례는 일정 구역에서만 효력을 갖는다는 의미에서 지역법이고, 지자체 자체의 의사에 근거한 지자체 고유의 법이라는 의미에서 자주법이다.

조례와 법규명령대통령령, 총리령, 부령 등은 모두 행정주체에 의한 입법이지만 형성 대상에 대한 권한의 귀속에서 차이가 난다. 법규명령 발령권은 권한상 국가의 영역에 귀속하나 조례 제정권은 지자체의 권한에 속하며 자기 책임으로 행사되는 것으로, 조례 제정은 자치를 의미하지만, 법규명령의 제정은 타율적인 법 정립을 의미한다.

따라서 양자는 규율 대상이 아니라 법 정립 권능의 성질에 따라 기본에서 차이가 난다. 이 때문에 법규명령은 그 제정에서는 구체적으로 범위를 정하는 법률의 근거가 필요하지만, 조례는 국가 사무가 아닌 한 법령에 저촉되지 않는 범위 내에서 법률의 구체적 근거가 없이도 주민의 권리와 의무에 관한 사항까지 정할 수 있으며, 법률로 조례를 위임하는 때에도 구체적으로 범위를 정해야 하는 것은 아니다.

[조례안의 구성체계]

제명	제명은 당해 법규를 다른 법규와 구별하기 위하여 붙이는 법규의 이름을 말하며, 자치법규의 공포번호 다음에 줄을 바꾸어 제명이 위치
본칙	조례안에는 "본칙"이라는 표시는 하지 않으며, 본칙은 시간의 순서와 내용의 유사성 등을 감안하여 순서대로 구성
부칙	당해 조례의 본체적 규정사항에 부수되거나 경과적인 성격의 사항(시행일·경과조치 등)을 규정하는 부분

(3) 조례 제정의 과정과 내용

조례안에 대한 발의는 지자체장이 제출하거나 지방의회 재적의원 1/5 이상 또는 10인 이상의 연서로 의장에게 제출할 수 있다. 그리고 제출된 안건은 상임위원회나 본회의에서 심사되며 모든 조례는 본회의에서 의결된다. 의결정족수는 법에 특별한 규정이 있는 경우를 제외하고는 재적의원 과반수의 출석과 출석의원 과반수의 찬성에 따른다. 조례안이 지방의회에서 의결된 경우에는 지자체장에게 이송되며, 지자체장은 15일 이내에 이를 공포하고, 법률에 특별한 규정이 없는 한 공포된 날로부터 20일을 경과함으로써 효력이 발생된다.

지자체장은 이송받은 조례안에 대하여 이의가 있는 경우에 15일 이내에 이유를 붙여 지방의회로 조례안을 환부하고 재의를 요구할 수 있으며, 지방의회는 재적의원 과반수의 출석과 출석의원 2/3의 찬성으로 재의결하여 그 조례안을 확정시킬 수 있다. 조례의 제정 개폐에 관하여 지자체장은 시군구의 경우에는 시도지사에게, 시도의 경우에는 소관부서 장관에게 보고해야 하며, 보고를 받은 소관부서 장관은 이를 관계 중앙 행정기관의 장에게 통보해야 한다.

조례는 지자체가 법률에 인정된 자치권의 범위 내에서 자기의 사무에 관하여 또 주민의 권리 의무에 관하여 제정한 자치에 관한 규범을 말하는데, 상위법에 정한 바에 따라야 하며, 상위법이 조례에 우선하며, 조례는 반드시 지방의회의 의결을 거쳐야 하고 이에 따른 세부 규칙은 지자체장이 법령 도는 조례가 위임한 범위 내에서 정해야 하며, 그 권한이 속하는 사무에 관하여 성립된 규범이라는 것이며, 자치법규에 속하는 조례는 그 지자체의 구역 내에서만 효력을 갖는 등의 기본적인 원칙에 합치되어야 한다.

(4)조례안의 심사

상임위에 회부된 조례안은 다음과 같은 순서로 심사를 받는다. 조례안 상정→ 제안설명→ 전문위원 검토보고→ 질의답변→ 축조심사→ 찬반토론→ 의결. 이렇게 심사를 마친 조례안에 대해서는 심사보고서를 작성하여 의장에게 제출하고, 본회의에서 의결을 마치면 집행부로 보내 공포 절차를 거쳐 시행된다.

조례안을 심사할 때는 무엇보다 기본원칙에 충실했는지 확인한다. 기본원칙에 위반되는 사항이 있으면 결격사유가 되어 조례안으로서 효력이 상실되기 때문이다. 또 심사에 앞서 사전 설명을 들을 때 철저하게 질문하고 대답을 들어서 조례안에 대한 이해를 높여야 한다.

심사 대상의 조례안에 대해 상임위원회에서 재직하는 전문위원은 검

토보고서를 작성하여 심사일 이전까지 의원들에게 보내야 한다. 검토보
고서에는 제안 이유, 문제점, 이해득실, 기타 특이사항을 조사하고 분석
하여 기재한다.

심사를 마친 조례안에 대해 위원회는 심사 경과 및 결과 그리고 필요한
사항을 기재한 심사보고서를 작성하여 의장에게 보고해야 한다. 의원들
은 각자가 소속된 위원회 이외의 안건 외에는 결과를 알 수 없으므로 전
체 안건에 대해서는 심사보고서를 통해 전반적인 상황을 파악한다. 그러
므로 심사보고서는 본회의 심의에서 가장 중요한 역할을 한다.

그밖에도 질의답변을 통해 안건에 대한 이해의 폭을 넓히고, 매우 중대
하거나 논란의 소지가 큰 안건에 대해서는 공청회나 청문회 또는 연석회
의를 열어 안건에 대한 정보와 주장을 취합하고, 의견을 모아가는 절차
가 필요하다. 게다가 필요한 경우 조례안 심사소위원회를 구성하여 조례
안 심사 과정을 전문적으로 다루게 한다.

(5)조례안의 재의 요구

조례안이 지방의회에서 의결되면 의장은 의결된 날부터 5일 이내에 그
지자체장에게 이를 이송해야 한다. 지자체장은 조례안을 이송 받으면 20
일 이내에 공포해야 한다. 지자체장은 이송받은 조례안에 대하여 이의가

있으면 '20일 이내' 의 기간에 이유를 붙여 지방의회로 환부하고, 재의를 요구할 수 있다. 이 경우 지자체장은 조례안 일부에 대하여 또는 조례안을 수정하여 재의를 요구할 수 없다.

재의요구를 받은 지방의회가 재의에 부쳐 재적의원 과반수의 출석과 출석의원 3분의 2 이상의 찬성으로 전과 같은 의결을 하면 그 조례안은 조례로서 확정된다. 지자체장이 20일 내의 기간에 공포하지 않거나 재의 요구를 하지 않을 때도 그 조례안은 조례로서 확정된다.

지자체장은 이렇게 확정된 조례는 지체하지 않고 공포해야 한다. 최종 확정된 조례를 지자체장이 이송받은 지 5일 이내에 공포하지 않으면 지방의회의 의장이 이를 공포한다.

지자체장이 조례를 공포한 때는 즉시 해당 지방의회 의장에게 통지해야 하며, 지자체장의 공포 의무 유기로 인해 지방의회 의장이 조례를 공포한 때는 이를 즉시 해당 지자체장에게 통지해야 한다.

조례와 규칙은 특별한 규정이 없으면 공포한 날부터 20일이 지나면 효력을 발생한다. 조례와 규칙의 공포에 관하여 필요한 사항은 대통령령으로 정한다.

지자체장은 지방의회의 의결이 예산상 집행할 수 없는 경비를 포함하고 있다고 인정되면 그 의결사항을 이송 받은 날부터 20일 이내에 이유를 붙여 재의를 요구할 수 있다.

지방의회가 법령에 따라 지자체에서 의무적으로 부담해야 할 경비, 비상 재해로 인한 시설의 응급 복구를 위하여 필요한 경비 중 어느 하나에 해당하는 경비를 줄이는 의결을 할 때도 재의를 요구할 수 있다. 지자체장은 지방의회의 의결이 월권이거나 법령에 위반되거나 공익을 현저히 해친다고 인정되면 그 의결사항을 이송 받은 날부터 20일 이내에 이유를 붙여 재의를 요구할 수 있다.

이런 요구에 대하여 재의한 결과 재적의원 과반수의 출석과 출석의원 3분의 2 이상의 찬성으로 전과 같은 의결을 하면 그 의결사항은 확정된다. 지자체장은 이에 따라 재의결된 사항이 법령에 위반된다고 인정되면 대법원에 소를 제기할 수 있다.

지방의회의 의결이 법령에 위반되거나 공익을 현저히 해친다고 판단되면 시도에 대해서는 주무부장관이, 시군 및 자치구에 대해서는 시도지사가 재의를 요구하게 할 수 있고, 재의요구를 받은 지자체장은 의결사항을 이송 받은 날부터 20일 이내에 지방의회에 이유를 붙여 재의를 요구해야 한다.

재의 요구에 대하여 재의의 결과 재적의원 과반수의 출석과 출석의원 3분의 2 이상의 찬성으로 전과 같은 의결을 하면 그 의결사항은 확정된다.

지자체장은 재의결된 사항이 법령에 위반된다고 판단되면 재의결된 날부터 20일 이내에 대법원에 소를 제기할 수 있다. 이 경우 필요하다고 인정되면 그 의결의 집행을 정지하게 하는 집행정지 결정을 신청할 수 있다. 주무부장관이나 시도지사는 재의결된 사항이 법령에 위반된다고 판단됨에도 불구하고 해당 지자체장이 소를 제기하지 않으면 그 지자체장에게 제소를 지시하거나 직접 제소 및 집행정지 결정을 신청할 수 있다.

지방의회의 의결이 법령에 위반된다고 판단되어 주무장관이나 시도지사로부터 재의요구지시를 받은 지자체장이 재의를 요구하지 않을 경우 법령에 위반되는 지방의회의 의결사항이 조례안인 경우로서 재의요구지시를 받기 전에 그 조례안을 공포한 경우를 포함에는 주무장관이나 시도지사는 제1항에 따른 기간이 지난날부터 7일 이내에 대법원에 직접 제소 및 집행정지 결정을 신청할 수 있다.

지방의회의 의결이나 재의결된 사항이 둘 이상의 부처와 관련되거나 주무부장관이 불분명하면 행안부 장관이 재의요구 또는 제소를 지시하거나 직접 제소 및 집행정지 결정을 신청할 수 있다.

(6) 조례안 만들기

의안을 발의하려면 완성된 형식의 안을 갖추어 의장에게 제출하는데, 그 형식은 표지부, 본문부로 구성한다.

[표지부]

표지부에는 의안의 제목, 발의 연월일, 발의자, 제안 사유, 주요 내용이 들어간다. 참고사항은 관계 법령, 예산 조치, 관련 부서와의 합의사항이 들어간다.

[본문부]

본문부에는 조례안의 제목 및 본문을 기재하는데, 번문 마지막에는 부칙을 작성한다. 부칙에서는 시행일이 중요하다. 부칙을 작성하지 않으면 의안이 반려될 수도 있으니, 부칙을 꼭 적어 넣어야 한다.

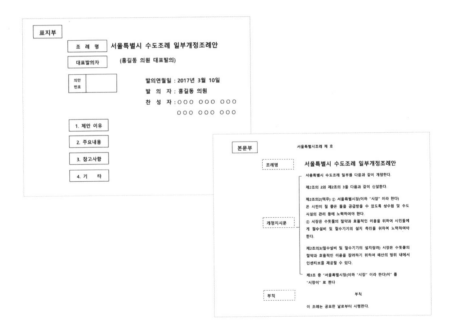

2014년 지방선거 때 "또 다시 기호 2-나"로 출마, 41표로 낙선했는데 한 달 후
상대당 후보가 당선되자마자 구속, 따라서 2016년 총선과 재보궐선거 실시

제8대 서대문구의회 개원식

2010년 6·2 지방선거 당
선 후 (당시 20세) 딸이 그려준
스케치

정세균 (전)총리와 함께

3장 완장의 정치 vs 머슴의 정치　169

대동고 4회 동기 (현) 병무청장 정석환,
경기도 바르기살기 이상일 부회장

새희망 포럼에서 (현) 김부겸
총리와 함께

한중고위 지도자 아카데미에서 (전) UN 사무총장
반기문과 함께

서울신문 보도 기사

새희망 포럼에서 (전) 이낙연 총리와 함께

2016년 김영호 국회의원 첫 당선

방역 활동

본 의원 임기 중 2020년 1월 20일 서대문구의회 청사(복합청사) 준공 및 개원식

제갑섭(강동구의원)

kdjks@hanmail.net

현) 강동구의회 제8대 전반기 · 후반기 부의장

현) 국민의힘 정보과학위 부위원장

현) 강동구 호남향우회 부회장

현) (사)강동구 자연보호협의회 사무국장

현) (사)한국 다문화희망협회 강동구 지회장

현) (사)생활정치 텃밭포럼 강동구 회장

현) 강동구 일자리위원회 위원

현) 국민건강보험공단 강동지사 자문위원

현) 전남 보성군 홍보대사

 • (재)여의도 연구원 정책자문위원(자치기획분과)

 • 강동구 공직자윤리위원회 부위원장

 • 중부대학교 초빙교수

4장

오전에는 민원,
오후에는 현장!

01 5년간의 봉사활동, 끝내 나를 정치로 이끌다

1) 못다 한 효도를 위해

교육자 집안에서 태어나 자란 나는 일찍 부모님을 여의고 3남2녀의 장남으로 집안의 가장이 되었다. 돌아가신 부모님을 대신해 동생들이 대학을 졸업하고 결혼하여 가정을 이룰 수 있도록 도왔다. 이렇게 동생들과 함께 울고 웃으며 고향에서 아름다운 추억을 만들었다.

동생들과 함께한 고향처럼 나에겐 소중한 곳이 또 있다. 성인이 된 이후 자리를 잡은 서울 강동구이다. 강동구는 동생들과 함께한 시간만큼 나에게 영향을 주고 각별한 곳이 되어 제2의 고향이 되었다.

강동구에서 시작한 사업으로 웬만큼 생계의 기반을 마련한 이후에는 주위를 돌아보고 봉사활동에 눈을 돌리기 시작했다. 무슨 정치를 하려고 밑자락을 까는 그런 시늉만 하는 봉사활동이 아니라, 평소에 내가 관심을 가진 환경 문제와 '고향이나 마찬가지인 강동의 우리 이웃을 위해 뭘 할 수 있을까'를 진지하게 고민하고 실천의 걸음을 한 발씩 뗀 것이다. 생업을 영위하는 가운데서도 그렇게 봉사활동에 푹 빠져 살았다.

2006년 어느 날, 동네 공원에서 모여 계신 어르신들을 보고 있는데 일찍 돌아가신 부모님 생각이 났다. 살아계셨으면 저 연세인데…. 못다 한 효도가 못내 아쉽고 서러웠다. 그런데 가만 보니 어르신들 가운데 독거노인인 분들도 많고 그분들 대부분이 끼니도 제대로 챙기지 못하는 것으로 보였다.

그래서 나는 주위 사람들과 의논하여 독거노인 무료급식 봉사활동을 시작했다. 매일 하지는 못했지만 매주 목요일마다 150여 분의 점심을 급식했다. 그렇게 5년을 한 주도 빼먹지 않고 독거노인 분들에게 따뜻한 점심을 지어 드렸다. 물론 나 혼자 한 건 아니다. 가족의 이해와 도움이 없었다면 어림도 없는 일이었고, 또 주위의 뜻을 함께하는 분들이 없었다면 그렇게 오래도록 지속할 수 없는 일이었다.

2) 봉사활동이 선물한 정치

나는 이런 무료급식 봉사활동뿐 아니라 자연보호 같은 환경 운동, 주민 편의시설 확충, 주민 제안 운동 같은 다양한 활동에도 관심을 갖고 힘을 보탰다. 하지만 봉사활동을 하면서 민원이나 애로사항이 생겼을 때 번번이 한계에 부딪혔다. 무슨 어려운 민원도 아니고 담당 공무원이 조금만 신경을 써주면 해결될 일도 민원인이 민간인, 그것도 보통사람이라는 이유로 번번이 무시당했다.

무료급식만 해도 종종 난관에 봉착할 때가 있어 절차를 밟아 보조를 요청했지만, 그때마다 묵묵부답으로 아예 응답조차 없었다. 그때마다 나는 한 시민으로서 깊은 무력감과 절망감을 느꼈다. '한낱 일반인으로서는 뭔가를 바꾸고 이룰 수 있는 게 별로 없구나' 싶었다.

그렇게 봉사활동을 이어온 지 5년쯤 되었을 때, 나는 좀 더 효과적인 봉사활동으로 정치를 고려하기 시작했다. 애초에 정치가 내 인생 스케치에는 없는 그림이었지만, 그렇게 물 흐르듯이 내게로 왔다.

정리하자면, (사)주는사랑공동체에서 주관하는 '천호공원 무료급식' 후원회장으로 5년간 봉사하면서 어르신들의 애환과 고통을 알게 되어 그분들을 도와드리기 위해 다방면으로 노력했다. 하지만 번번이 부딪히는 한계를 극복하고 보다 효과적인 제도를 통해 도움을 드리고자 기초의원 출마를 결심했다.

나는 2010년 지방선거에서 강동구 기초의원에 출마하여 당선되었다. 내 지역구인 천호동은 상권의 중심이자 큰 빌딩이 많지만 박스를 주워가며 어렵게 살아가는 분들도 많았다. 빛이 밝은 만큼 그림자도 짙은 동네였다. 특히, 재활용품을 수거하시는 노인들이 많았는데 그분들이 진작부터 내게 정치를 하라고 등을 떠밀며 선거운동에 큰 힘이 되어 주셨다.

3) 나의 정치는 봉사활동의 연장

지방의회에 들어간 이후에 의원으로서 해야 할 일도 많았지만, 그간 해오던 봉사활동에서 발을 빼지 않고 변함없이 헌신했다. 달라진 것이 있다면 일반인에서 의원이 되어 내 역할이 조금 달라진 것뿐이었다.

나는 기초의원으로서 현장 중심의 상임위원회 활동은 물론 구정 질문, 행정사무 감사, 결의안 등을 통해 주민에게 불편을 주는 불합리한 제도 개선을 위해 무진 노력했다. 또한, 나는 후원회장으로서 독거노인을 위한 무료급식 봉사활동을 이어가는 한편 자연보호중앙연맹 서울시강동구협의회 사무국장으로서 자연보호를 위한 환경보전 활동에도 계속 앞장서왔다.

2020.4.28. 민원현장점검

　지난 2011년 10월에는 자연보호중앙연맹 서울시협의회에서 주관한 자연보호헌장 선포기념식에서 환경부장관 표창을 받았다.

　평소에 남다른 관심과 헌신적인 노력으로 자연환경 보전을 위해 노력한 공을 인정받은 것이다.

　내가 현재 사무국장으로 있는 강동구 자연보호협의회는 다양한 자연보호 활동을 하는 것뿐만 아니라 지역사회 돌봄 활동으로 함께 살아가는 이웃을 위해 봉사하고 있다. 특히, 겨울에는 텃새, 철새 등 먹이가 부족한 야생동물에게 먹이를 주고, 어려운 이웃을 위한 사랑의 쌀, 떡 등을 나누고 있다. 이렇듯 나의 정치는 그전부터 해오던 봉사활동의 연장인 것이다.

02 생활정치의 실천,
주민의 편익을 위해 일하다

1) 잘 듣는 정치, 발로 뛰는 정치

나는 2014년 재선 전반기 건설재정위원장으로서 현장과 주민 중심의 건설재정위원회를 이끌었고, 행정에 대한 주민의 다양한 요구사항을 수렴하여 정책에 반영되도록 지금까지 최선을 다해왔다. 특히 중요한 현안이나 민원에 대해서는 직접 현장을 방문하여 구청, 공사 관계자로부터 사업 추진 현황, 민원 발생 원인 및 대책에 대하여 보고를 받고, 공사현장 및 주변을 일일이 확인했다.

천호동 래미안강동팰리스 소음 분진 민원, 천호지하차도 원상 복구, 양재천과 고덕천 비교 시찰, 강풀만화거리, 고덕상업업무 복합단지와 엔지

니어링복합단지 등 수없이 많은 강동구의 주요 현장에서 구민의 소리를 직접 듣고 발로 뛰는 의정활동을 펼쳐왔다.

무엇보다 건설재정위원회 소관 사항이면서 강동구의 주요 현안인 고덕지구와 둔촌동의 노후 아파트 재건축 사업, 천호 재정비촉진사업 등을 추진하는 데 있어 조합 내에 주민협의체를 구성하게 함으로써 주민 자율로 사업을 추진할 수 있도록 도왔다. 그동안의 재건축, 재개발은 기반시설 중심주의, 사업구역 정형화 등의 시대착오적인 발상으로 도시환경 개선에 한계를 보여왔기 때문이다.

또한, 주민 편의가 반영된 아파트단지 설계, 에너지 절감 방식으로 구조개선 등 법의 허용범위 내에서 주민이 삶의 질 향상을 실감할 수 있는, 주민 의견이 반영된 재건축이 될 수 있도록 건설재정위원회 소속의원들과 함께 구는 물론 서울시, 국토교통부 등 관계자들과 관련 사항을 치열하게 논의했다.

나는 정치하기를 참 잘했다고 생각한다. 주민들의 애로사항과 지역의 숙원사업을 해결해가면서 더 없는 기쁨과 보람을 느꼈기 때문이다.

내가 의정활동을 하면서 줄곧 지켜온 원칙과 소신은 "민원인에게는 내가 마지막 희망"이라는 생각으로 민원을 처리해야 한다는 것이다. 그래서 나는 의정활동을 하면서 그 어떤 상보다도 주민들한테 받은 감사패를 더 소중하게 생각한다. 주민 800여 명이 천호동 아파트 공사현장의 소음과 분진에 대한 민원을 제기한 적이 있는데, 나는 그 민원을 해결하기 위해 직접 공사현장을 쫓아다니며 회사 측과 끈질기게 협상한 끝에 피해보상과 재발 방지가 이뤄지도록 했다. 또한 이에 그치지 않고 아이들의 안전한 통학로를 별도로 확보하도록 했다.

2017년 6월 제244회 정례회 제3차 본회의에서 나는 5분 자유발언을 통해 '강동역 주변 1,400여 세대의 아이들이 매일 도보로 20분 거리의 천동초등학교를 걸어서 등하교하고, 인근 유흥가와 주택단지들을 지나고 큰길을 2번 이상 건너고 있어 위험에 노출돼 있어 서울시로부터 천동초등학교 스쿨버스를 지원받을 수 있도록 노력해 달라'고 당부했다. 이어 같은 해 12월 15일 강동구 천동초등학교 학생들의 등하굣길 안전을 위한 스쿨버스 운행 간담회에 참석하여 학부모와 학교 관계자, 서울시 담당공무원 등과 함께 스쿨버스를 운행하는 방안을 적극 강구했다.

2020년 9월에는 신동아파밀리에아파트 주변 상가의 거리 흡연 문제를 해결하기 위해 관계부서와의 협의를 통해 흡연부스 철거 및 금연거리 지정 등에 앞장섰다. 당시 450명의 서명이 담긴 금연구역 지정 요청 등 관련 진정서가 제출되어 집단 민원으로까지 발전될 조짐을 보였으나 직접 현장을 방문하여 주민들의 피해 문제를 확인한 뒤 발빠른 조치를 위해 노력한 결과 원만히 문제를 해결할 수 있었다.

그리고 위와 같은 노력들에 대한 공로를 인정받아 입주자대표회로부터 감사패를 전달받기도 했다.

천동초등학교 스쿨버스 운행 간담회

강동래미안팰리스, 신동아 파밀리에아파트 주민들로 부터 감사패를 수여받다

강동래미안팰리스, 신동아파밀리에아파트 주민들로부터 감사패를 수여받다

그런가 하면 주택재개발사업 정비계획수립 노후도 산정기준을 강화하는 내용을 포함한 〈도시 및 주거환경정비법 시행령 개정안〉에 대한 개정조항 폐지촉구 결의문을 발의하고, 국토교통부로 결의안을 보내 1만 제곱미터 이상의 단독주택 재건축 폐지시기를 2년 유예하는 성과를 거두기도 했다.

또한 천호동 래미안강동팰리스와 강동헤르셔주상복합 사이의 도로인 '천호대로167길' 지중화 사업을 추진하고, 고분다리 전통시장 어닝 설치가 조속히 완료될 수 있도록 현장방문과 격려를 아끼지 않았다.

뿐만 아니라 고분다리 전통시장 살리기의 하나인 주차장과 공동화장실 신설 공약을 실천하기 위해 당시 지역구 국회의원인 이재영 의원과 함께 폭염과 한파를 뚫고 1년 넘게 중소기업청, 기획재정부 등을 뛰어다니며 해당 예산 63억원을 확보해 주차장 41면과 공중화장실을 마련하는 쾌거를 이루기도 했다.

이재영 전 국회의원 국민의힘 강동을 당협위원장은 미국 조지타운대학교 경영학과 학사, 연세대 행정대학원 국제학 석사 학위를 취득하고 2009년부터 2012년까지 세계경제포럼 다보스포럼 아시아 담당 총괄 부국장, 2012년부터 2016년까지 제19대 새누리당 국회의원, 2017년부터 2018년 자유한국당 최고위원을 역임했다.

경력에서도 알 수 있듯이 국제적인 안목을 겸비한 글로벌 경제전문가로, 당시 36살의 이재영 국회의원은 권위를 타파하고 몸소 발로 뛰는 현장 행정을 실천하는 보기 드문 젊은 정치인이었다.

2014년 강동구을 당협위원장을 맡은 후에는 고분다리 전통시장 주차장 건립 63억원, 둔촌역 전통시장 도심골목형 시장사업 6억원, 전통시장 어닝 설치 5억원, 노후학교 환경개선 5억원, 서울 암사동 유적발굴조사 3억원 등 지역예산 103억원을 확보했다. 그 중 고분다리 전통시장의 주차장과 편의시설 설치는 시장 상인들과 주민들의 오랜 숙원사업으로 전통시장 살리기를 넘어 천호 주변 지역 경기 활성화에도 큰 기여를 했다. 주차장 건립을 위한 현장평가에 직접 참여한 이재영 전 의원을 보고 당시 한 관계자는 "국회의원이 현장평가에 직접 나오는 것은 처음 본다"고 말했다. 40대의 젊은 나이에도 주민과 현장을 가까이하며 지역에 활력을 불어넣는 이재영 전 의원은 '잘 듣는 정치, 발로 뛰는 정치'를 펼치고자 노력하는 나의 의정활동과 정치생활의 한결같은 큰 귀감이 되고 있다.

최근에는 코로나19 예방 건강 천 마스크 만들기 지원봉사, 동별 방역 등 코로나19의 확산을 막고 주민들의 건강을 지키기 위해 애쓰고 있다.

천호대로167길 지중화사업 현장방문

고분다리 전통시장 상인회로부터 받은
감사패

고분다리 전통시장 주차장 예산 63억 확정

고분다리 전통시장 어닝 설치 직후 이재원 전의원과 함께

이재영 (전)의원과 전통시장 현장방문

2) 주민이 부르면 언제든지 달려가는 친구

주민의 대표인 의원에게 무엇보다 중요한 것은 주민의 목소리를 경청하고 함께 고민하는 것이다. 나는 현장에서 많은 시간을 보낸다. 주민이 부르는 곳이면 어디든지, 언제든지 달려가고 있다.

한번은 천호동 주택가 인근 도로지반이 불안하다며 현장점검과 보수를 요청하는 민원이 접수되었다. 민원을 받자마자 즉시 현장을 방문하였다. 방문하고 보니 차량의 통행량도 꽤 많은 곳이어서 빠른 조치를 하지 않으면 2차 피해가 생길 수 있는 상황이었다. 나는 피해를 막기 위해 철저한 조사와 즉각적인 조치를 당부했고 안전사고를 미연에 방지할 수 있었다.

또한 천호대로 1066 강동상떼빌 견인차량 일명 렉카 문제가 불거진 적이 있었다. 24시간 대기하는 렉카 차량들로 인해 해당지역 어린이집, 유치원 어린이들의 등·하원이 위험했고 매연으로 인해 주민, 특히 노인과 아이들의 건강이 위협되는 등의 큰 불편이 있었다. 이때도 현장을 찾아 해결방안을 강구하고 민원을 해결했다.

2020년 2월에는 파손 후 방치된 상태로 운영중인 천호동 버스정류장 양새대로 1619 앞을 방문해 주민 불편사항을 점검했다. 해당 버스정류장은 안내 표지판이 파손되어 방치된 상태로 꽤 오랜시간 운영되고 있었다. 해당 지역이 정류소인 것을 모르고 지나치는 경우가 생기고 운전자 및 보행자들의 정류소를 인식하기 어려움에 따른 2차 사고발생의 위험성 등 때문에 민원이 발생한 사항이었다. 즉시 현장을 방문한 나는 서울시 교통정보과에 신속한 시설 개선을 촉구하는 등 민원사항 해결에 적극적인 노력을 펼쳤다.

그리고 천호1동에 위치한 행복주택 준공을 앞두고 안전문제에 대한 민원이 접수되어 현장을 방문하기도 했다. 돌출된 건물구조물로 인해 보행자의 충돌사고 발생 위험이 매우 컸다. 더구나 인근에는 초등학교도 있어서 아이들의 안전을 위해서라도 문제 해결이 매우 시급했다. 나는 현장에 나가 지역 주민들을 비롯해 해당 건물의 건축사 및 시공사, 구청 등 관계자들과 모여 대책회의를 진행했다. 아이들과 주민안전이 최우선이라는 사항에 모두 공감하여 안전펜스 설치 등의 방안을 조치했다.

천호동의 불안한 도로 지반 현장점검   렉카 단속을 위한 현장점검

파손 후 방치된 버스 정류소 현장점검　　　　천호동 행복주택 현장점검

이 외에도 골목길에서 청소년들의 음주와 기물파손, 고성방가 등으로 주민들이 크게 불편을 겪고 있어 경찰서와 협의하여 방범용 CCTV와 순찰함을 설치하였고, 훼손된 도로포장과 하수관로 정비, 미끄럼방지 시설 설치, 쾌적한 주거 환경을 위한 자연보호 활동 등의 수많은 성과들은 주민들의 목소리를 경청하면서 주민들과 함께 이뤘다는 데 남다른 의미가 있다. 감사하게도, 주민들은 고마운 마음을 담아 20개에 가까운 감사패를 주셨다.

앞으로도 나는 주민들이 나를 필요로 하는 곳이라면 어디든지, 언제든지 달려가서 작은 목소리에도 귀를 기울일 준비가 되어 있다. 항상 초심을 잃지 않고, 주민들을 위해 열정적으로 봉사하면서 행복한 강동구를 만들기 위해 최선을 다할 것이다.

3) 주민을 위한 적극적이고 긍정적인 정치

3선 의원으로 지내는 동안 때로는 해결하기 어려운 난관에 봉착할 때도 있었다. 그러나 그럴 때마다 나는 항상 주민의 입장에서 생각하고 정말 문제를 해결할 수 있는 방안은 없는 것인지, 있다면 무엇인지 고민하고 끊임없이 협의하고 현장을 뛰어다녔다. 그 중 하나가 천호동 주민들의 오랜 숙원사업이던 강동성심병원 사거리 U턴 추진이었다.

성심병원의 U턴 추진은 2015년 강동헤르서와 2017년 강동래미안팰리스가 입주하면서 천호역에서 강동역 방향으로 이동하는 차량들은 강동성심병원 사거리에서 2번의 좌회전을 거쳐야만 아파트 출입이 가능하여, 성심병원으로 좌회전하는 차량 증가에 따른 병목 현상으로 교통체증이 심해질 것이 예견되면서부터 시작되었다.

당시 구청 교통행정과와 경찰청 등에서는 수도권 지역의 교통 수요를 원활하게 처리하기 위해 설치된 중앙버스전용차로에서는 대형사고 등의 안전상의 이유를 들어 강동구 전 구간에 유턴을 모두 폐쇄한 바 있다. 아니나 다를까, 2017년 강동헤르서 입주자대표회 회원들과 강동래미안팰리스 입주자 대표회 회원들이 주민들의 서명을 받아 성심병원의 U턴 추진을 요청했다.

그에 힘입어 나는 천호대로 성심병원 교차로 U턴 신호체계의 필요성에 대해 5분 발언을 하고 교통체계를 개선할 것을 관계기관에 지속적으로 촉구하여, 통행 불편과 주변도로 정체가 예상되고 안전사고 우려가 적은 교차로에 한해 U턴 허용을 검토하고 지속적으로 협의하겠다는 답변을 받아낸 바 있다. 그리하여 마침내 2021년 5월 천호대로 강동성심병원 사거리의 U턴이 허용되어 작업을 마쳤다.

또한 2019년 11월 29일부터 공항버스 6200번 노선의 강동역 추가정차를 이끌어내기도 했다. 이로 인해 천호동 주민들의 인천공항 접근성이 대폭 향상되었다. 강동역 주변에는 대단지 주상복합빌딩은 물론 래미안강동팰리스999세대, 강동역신동아파밀리에230세대, 현대코아185세대, 천호태영아파트649세대 등 인근 대규모 아파트 단지가 많았는데, 주민들이 공항을 가려면 무거운 짐을 들고 천호역과 길동사거리의 공항버스 정류소까지 이동하기가 어려워 래미안강동팰리스 부녀회를 비롯해 천호동 주민들의 민원이 지속적으로 제기되어 오던 상황이었다. 공항버스가 강동역에 정차할 수 있게 해달라는 주민들의 의견을 구청과 관련기관에 지속적으로 전달하고 반영을 요청하여 얻어낸 결과였다.

나는 수많은 어려운 과정이 있어도 문제를 해결할 수 있다는 마음가짐과 행동이 있다면 결국 좋은 결과를 이끌어낼 수 있다고 생각한다. 문제가 해결되고 나서 주민들이 기뻐하고 편안히 일상으로 돌아가는 것을 보는 것만큼 값지고 보람된 일은 없다. 앞으로도 이러한 적극적이고 긍정적인 자세로 의정활동을 이어나가도록 최선을 다할 것이다.

강동구의회 제갑섭 부의장, 공항버스(6200번) '강동역' 추가정차 이끌어 내

토요맨 2019. 11. 19. 19:45 URL 복사 +이웃추가 :

11월 29일 첫차부터 바로 운행 시작

강동구의회 제갑섭(천호 1·3동) 부의장의 부단한 노력에 힘입어 강동역에 공항버스(6200번)가 추가 정차하게 됨으로써, 천호동 주민들의 인천공항 접근성이 대폭 향상 될 예정이다.

기존 공항버스 6200번 노선의 인근지역 정류소로는 천호역과 길동사거리가 있었지만, 강동역 인근 주민들 입장에서는 보통 공항 이용 시 무거운 짐을 들고 이동하기에는 양쪽 정류소 모두 녹록한 상황은 아니었다.

더욱이 최근 강동역 주변 대단지 주상복합빌딩이 들어섬은 물론 래미안강동팰리스(999세대), 강동역신동아파밀리에(230세대), 현대코아(185세대), 천호태영아파트(649세대) 등 강동역 인근에 대규모 아파트 단지가 많아 그동안 래미안강동팰리스 부녀회(회장 김서하)를 비롯해 천호동 주민들의 관련 불편사항이 지속적으로 제기되어 오던 상황이었다.

이에 제갑섭 부의장은 공항버스가 강동역에 정차할 수 있도록 해달라는 주민들의 의견을 구청 교통행정과를 비롯해 관련기관에 지속적으로 전달·반영 요청한 결과, 오는 29일 첫차부터 공항버스 6200번 노선의 강동역 추가정차를 이끌어 냈다.

공항버스(6200번) '강동역' 추가정차 이끌어내

강동구의회 제갑섭 부의장, 성심병원사거리 U턴허용 성사

구민신문 2021. 5. 26. 15:10   URL 복사   +이웃추가

강동구의회 제갑섭 부의장, 성심병원사거리 U턴허용 성사
-천호동 주민들의 염원, 2017년 제안해 4년여만에

천호동 주민들의 오랜 숙원사업이던 천호대로 강동성심병원 사거리의 U턴이 허용되어 U턴작업을 마쳤

강동성심병원 교차로 U턴 허용 성사

4) 오세훈 서울시장 선거를 지원하다

2021년 4월 7일 재·보궐선거에서 서울특별시장에 오세훈 시장이 재집권을 하였다. 시민들의 마음을 알 수 있는 선거 결과였다. 오세훈 시장은 전임 시장과는 달리 빠르게 시민들이 원하는 사항을 접수하고 관련 대책을 마련하기 시작했다. 나도 오세훈 시장의 후보 때부터 **지역선거대책 본부장**을 맡으며 그의 공약과 시정에 대한 생각을 함께 했다.

정부의 다양한 부동산 정책에도 불구하고 서울시 집값은 잡히지 않고 오히려 역효과가 발생하고 말았다. 강동구도 마찬가지였다. 강동구는 서울시에서도 '강남4구' 라 불리기도 했지만 다른 지역에 비해 집값이 저평가되어 있었다. 이것은 곧바로 시세 상승으로 입증되었고 강동구 전 지역에 부동산 가격이 올랐다.

강동구가 도약을 하기 위해서는 부동산 가격만 오르면 안 되기에 나의 지역구인 천호동을 중심으로 재개발·재건축 등 구도심에 대한 서울시장의 관심을 이끌기 위해 정책제안을 하였다.

22년 나의 선거와 서울시장 선거가 있어 이런 정책제안이 이어질 수 있을까 고민이 되고 망설여졌지만, 우리 구민을 위해 다른 누구라도 이런 정책제안을 이어 받지 않을까 하며 적극적으로 오세훈 시장에게 강동구의 정책을 제안하였다. 구민들이 안정적인 주거환경을 통해 행복할 수 있다면 3선 의원으로써의 나의 책무를 다한 것이 아닐까라는 생각을 하였다.

후회하지 않을 정도로 최선을 다해 천호동을 중심으로 강동구 구도심의 발전과 나아가 서울시의 발전을 위해 끝까지 좋은 정책을 서울시장에게 제안하고 설득할 것이다. 그리고 그것을 오세훈 시장이 이뤄줄 것으로 믿기에, 오늘도 난 그의 행보를 지지한다. 2022년 6월 좋은 결과가 나와 구민은 물론 서울시민 모두가 행복한 삶을 살았으면 한다.

2021년 오세훈 서울시장과 함께

03 발로 뛰는 정치, 오전엔 민원, 오후엔 현장!

1) 소통의 정치

"오전에는 민원, 오후에는 현장!"

2010년 초선의원이 되면서부터 3선 의원의 임기가 끝나가는 지금껏 변함없이 지키고자 혼신을 기울여 온 나의 의정 철학이다. 나는 오전에 민원을 받으면 즉시 해결을 원칙으로 하고, 오후에 직접 현장을 돌아보는 일과를 특별한 일이 없는 한 거의 거르지 않았다.

바쁜 의정활동 속에서도 이 원칙을 지키려고 노력하는 이유는 민원을 제기한 주민이 구청이나 주민센터 등 모든 경로를 통해 노력해도 해결이 되지 않아서 마지막으로 나를 찾아왔다고 생각하기 때문이다. 그래서 항상 "민원인에게는 내가 마지막 희망"이라는 생각을 가지고 주민 편에 서서 민원을 처리해왔다.

나는 6대와 7대에 이어 8대 기초의원에 당선됨으로써 3선 의원으로, 강동구의회 부의장에 선출되었다. 나는 취임 일성으로 말이 아닌 행동으로 보여드리는 부의장이 되겠다고 했다. 나는 나로 인하여 행복하였다는 말을 듣기 위해 늘 노력한다.

나는 부의장으로서 지방의회는 물론이고 강동구 발전을 위한 핵심 역량으로 '소통'을 꼽았다. 8대 강동구의회에는 초선이 13명으로 의정활동에 어려움이 있을 수 있지만, 그럴수록 풍부한 의정활동 경험을 공유하고 의원들의 전문성을 살려 연구하는 의회, 소통하는 의회가 되도록 가교가 되는 게 부의장의 역할이라고 생각했다. 그럼으로써 의회가 행정기관과 강동구 발전과 주민의 삶의 질 향상이라는 비전을 공유하고 견제와 협력으로써 균형을 이루는 건설적인 동반자 관계를 구축해나가야 한다고 믿고, 그런 방향으로 의정활동을 폈다.

나는 오늘보다 더 나은 내일을 위해 선거때 했던 약속을 지키는 것이 의원이 해야 할 일이며, 존재 이유라고 생각한다. 그래서 2018년 지방선거에 출마하면서 '행복한 강동, 신바람 나는 천호동'을 재건하겠다고 주민들에게 약속했다.

실제로 나는 3선 의원으로서 무수한 난관을 헤쳐왔고, 주민의 대변자

이자 심부름꾼으로서 맡은 역할에 최선을 다하는 의정활동을 펼쳐왔다. 그리고 각계각층의 사람들이 서로 소통하고 화합하여 함께 지역발전을 이끌어나갈 수 있는 사회를 만들고자 끊임없이 노력하고 있다.

우리 강동구에는 다문화가정이 많은 편인데 그런 다문화 가정의 애로와 문제를 돌보고 해결하는 것도 중요하다고 생각한다. 다문화 가정을 위한 많은 정책이 나오고 있지만 다문화가정의 가족은 아직도 학업, 취업, 결혼 등 생활 전반에 있어서 사회의 편견과 차별에 놓여 있다. 그래서 나는 한국다문화희망협회 강동구 지회장으로서 무엇보다 다문화가정 아이들의 교육권을 확립하는 데 힘을 쏟았다. 부모 맞벌이가 대부분인 다문화가정 특성상 더욱 필요한 일이기도 했다.

다문화가정의 가족은 이방인이 아니다. 똑같은 대한민국 국민이다. 그러므로 다문화가정의 자녀 역시 학습권이 보장되어 질 높은 교육을 받을 수 있어야 한다. 이를 위해 우리 중앙정부와 국회는 물론이고 지방의회와 행정기관 차원에서도 다문화가정의 자녀가 정상적인 교육을 받을 수 있도록 다각적인 방안을 마련하여 실행해야 한다.

강동구의 다문화 모임 중 〈지구촌 사람들〉이 있는데 강동구 마을공동체 공모사업인 '민관협력형 마을축제만들기'에 지원하여 선정될 수 있도록 나와 다문화협회에서 적극 도왔다. 선정된 이후에는 한국문화와 언어가 완전하지 않아 축제 개최에 어려움을 겪을 수 있는 〈지구촌 사람들〉을 대신해 축제를 준비하는 내내 구청 및 동주민센터와 협력하여 행사를 성황리에 치를 수 있도록 최선을 다해 지원하였다.

드디어, 2019년 10월 천호1동 주민센터 앞 천일어린이공원에서 '우리는 하나' 다문화 축제가 열려 다문화가정과 주민들이 한자리에 섞여 어울리고 마음을 나누는 소중한 시간을 갖게 되었다. 다문화 축제는 러시아, 몽골, 필리핀, 중국, 베트남 등 각 나라별 음식과 전통체험, 그리고 공연을 한자리에서 펼침으로써 문화 가교의 역할을 해내는 소통과 화합의 자리가 되었다.

내가 지역구로 있는 천호1·3동을 포함한 천호동은 강동구에서 어렵고 소외된 이웃이 많이 거주하고 있는 곳이다. 그러면서도 또한 따뜻하고 훈훈한 이웃 간의 정이 있는 지역이기도 하다. 천호3동 사랑의 연탄 나누기 행사와 추석 쌀 사랑 나눔 행사, 천호1·3동 어르신 복달임 나눔 행사_{삼계탕 대접}와 경로잔치, 설맞이 물품 나눔 행사, 김장 나눔 행사, 꾸러미 전달식, 바자회, 녹색장터, 연말 불우이웃을 위한 일일찻집 등 취약계층이나 어려운 이웃을 돕기 위한 크고 작은 행사가 매년 이어지고 있다. 나는 그런 행사에 피치 못할 상황이 아니면 반드시 참석해서 직접 봉사

하고 나아가 애로사항이나 건의사항을 청취하는 등 현장의 목소리를 들

으려고 한다.

사랑의 연탄 나누기

어르신 복달임 행사

설맞이 물품 나눔

코로나19 극복을 위한 천호3동 바자회

사랑의 쌀 전달식   천호1동 녹색나눔장터

연말 불우이웃 돕기를 위한 일일찻집   사랑의 김장 나눔

2) 여민의 정신으로

나는 앞에서도 말했지만, 무엇보다 의회 내부의 의원들 사이는 물론이

고 의회와 주민, 의회와 행정기관 간의 원활한 소통을 사명으로 삼아 힘을 쏟았다.

흔히 의회와 행정기관을 수레의 두 바퀴에 비유한다. 어느 한쪽이 제대로 기능하지 못하면, 다른 한쪽도 마찬가지로 기능을 발휘할 수 없기 때문이다. 의회와 행정기관이 주민 행복이라는 공동의 목표를 위해 존재하는 만큼, 그 목표를 이루려면 무엇보다 소통이 중요하다.

무슨 거창한 계획을 내세워 생색을 내기보다는 초심을 잃지 않고 한결같이 주민과 함께하는 여민정신이 무엇보다 중요하다고 생각한다. 그간 지역의 현안을 해결하기 위해 주민들과 직접 만나 소통해오면서 다양한 현안과 상황을 자세히 알게 되었다. 그 속에서 주민이 원하는 것이 무엇인지 진정으로 깨달은 바도 많다. 그리고 이것은 나의 의정활동 속에도 녹아 있다.

한 예로 3선 의원을 지내면서 내가 대표발의하여 그간 제·개정한 조례들은 주민들과 직접 소통하며 알게 된 현안을 반영한 것이다. 그 중 「강동구 의사상자 등 예우 및 지원에 관한 조례」와 재활용품을 수집하여 생활하는 65세 이상 어르신들을 위해 야광조끼, 반사경 등 안전장비를 지원하는 「강동구 재활용품 수집인 지원에 관한 조례」, 어린이 통학로 공사현장 관리에 관한 사항을 신설한 「강동구 어린이 통학로 교통안전 등에 관한 조례 일부개정조례」, 코로나19와 인플루엔자가 동시 유행할 경우를 대비한 인플루엔자 국가예방 무료 접종대상자 확대 시행을 위한 「강동구 인플루엔자 예방접종 지원에 관한 조례」 등이 대표적인 것이다.

나는 「강동구 의사상자 등 예우 및 지원에 관한 조례」와 「강동구 재활용품 수집인 지원에 관한 조례」를 제정하고 '생활조례를 만드는 강동구 구민회의'를 주최하여 지역주민들의 생활정치에 대한 참여의 폭을 넓히는데 기여한 공로를 인정받아 '2018 지방자치단체 우수 조례 대상'을 수상하는 기쁨을 맞았다.

2016년에는 89%의 높은 공약이행률로 '2016 지방의원 매니페스토 약속대상'에서 '약속대상 공약이행 분야 최우수상'을 받았다. 뿐만아니라 이에 그치지 않고 2021년 12월 다시금 '2021 지방의원 매니페스토 약속대상' 공약이행 분야에서 우수상을 수상하는 영광을 안았다.

또한 2021년 7월에는 제6대·제7대 건설재정위원장, 제8대 부의장을 역임하는 동안 지속적인 입법활동과 활발한 연구 활동을 통해 구민의 복리 증진과 삶의 질 향상을 위해 노력한 공로로 전국 340여 개 지역신문사로 구성된 전국지역신문협의회 의정대상을 수여받는 영예를 얻기도 했다.

이는 모두 의회와 주민, 의회와 행정기관 간의 원활한 소통이 가져다 준 값진 결과였다.

2021 매니페스토 약속대상 수상   2021 전국지역신문협의회 의정대상 수상

2018 지방자치단체 우수 조례 대상 수상

2016 매니페스토 약속대상 수상

3) 내고향 '보성군' 홍보대사-도 · 농상생발전 추진

2019년 4월 나는 '전라남도 보성군 홍보대사'에 위촉되어 해당군으로부터 위촉장을 전수받았다. 보성군은 강동구를 제2의 고향으로 삼기 전 내가 태어나고 자란 고향이다. 나는 홍보대사로 위촉되기 전에도 고향인 보성군을 알리기 위해 다방면으로 노력했다.

특히 제2의 고향인 강동구와 보성군이 상생교류할 수 있도록 2017년 5월 지역구인 '강동구 천호1동'과 '보성군 복내면' 간의 자매결연을 추진하여 성사시켰다.

그해 7월 천호1동 주민자치위원회 등과 보성군 복내면을 방문하여 주암호 생태습지공원, 한국차문화공원, 녹차밭 등 주요시설을 견학하며 두 지역 간의 우정을 돈독히 하고 상생발전 방안을 논의했다.

뿐만 아니라 제22회 강동선사문화축제 직거래 장터에 보성군 10여 농가가 참여하여 녹차, 쌀, 꿀, 고추장 등 지역 농산물을 홍보하며 5백여 만원의 판매실적을 올리기도 했다. 또한 보성군의 대표적 특산품인 녹차에 대해 서울역 앞과 천호동 이마트 앞에서 시음행사를 했고 여의도 국회 앞마당에서 펼쳐진 특산물 장터에서도 주민들과 함께 보성군과 관련된 모든 홍보활동을 아끼지 않았다.

홍보활동뿐 아니라 서해안의 대규모 쓰레기가 보성군 율포해변으로 밀려와 보성군의 아름다운 자연환경이 훼손된다는 소식을 들었을 때에는 강동구자연보호협의회 회원들과 함께 보성군을 방문해 직접 쓰레기를 치우는 봉사활동을 펼쳐 1톤에 가까운 쓰레기 수거를 돕기도 했다.

이러한 노력에 힘입어 나는 다시 2019년 5월 천호1동 주민자치위원회, 통장협의회 등과 함께 1박 2일간의 보성군 복내면 방문을 추진하여 도농상생발전에 더욱 기여하는 자리를 만들게 되었다. 그리고 같은 해 12월 '제17회 보성차밭 빛 축제'에 홍보대사 자격으로 참석해 축제 개최를 축하하는 시간을 가졌다.

나는 앞으로도 고향인 보성군과 제2의 고향인 강동구 간의 지속적이고 적극적인 교류와 소통을 이어나갈 수 있도록 지원과 노력을 아끼지 않을 것이다.

전남 보성군 홍보대사 위촉

보성군 복내면 방문(2017)

보성군 복내면 방문(2019)

제17회 보성차밭 빛 축제 홍보대사 자격으로 참석, 축하의 시간

4) 코로나19의 극복과 일상의 회복을 바라며

2019년 11월 중국 우한에서 코로나 관련 최초의 사례가 발견된 후 2020년부터 전 세계로 코로나가 확산 전파되었다. 우리나라도 예외가 될 수 없었다.

우리는 기존 메르스나 사스, 신종플루와 같이 이 전염병도 곧 해결되리라 믿었다. 하지만 코로나는 우리의 예측과는 다르게 그 기세가 누그러들지 않았다. 오히려 우리의 삶을 변화시키기까지 했다. '포스트 코로나'라는 말이 나올 정도로 마스크는 우리 삶에서 필수품이 되었으며 사람 간의 만남, 심지어 가족 간의 만남까지 막았다.

2020년 8대 하반기 들어 나는 강동구의회 부의장으로 선출되었다. 코로나 시대 구민들의 안전과 건강에 대해 고민하지 않을 수 없었다. 가장 먼저 신경 쓸 사항은 방역 문제였다. 지역 봉사단체들과 연계하여 관내 전통시장은 물론 거리에 대해 방역활동을 펼쳤다. 하지만 이런 방역활동이 무색할 만큼 코로나의 기세는 수그러들지 않고 어느새 2년을 넘어가는 장기화 상황에 들어갔다.

나는 좀 더 생각하지 않을 수 없었다. 정치적 이념을 떠나 정부의 지킴

대로 예방접종이 최선의 안전책이라 판단했다. 가장 먼저 백신을 접종하고 이에 대한 안정성을 구민에게 설명했다. 또한 백신예방접종센터를 방문하여 구민들이 접종에 불편한 사항이 없는지를 점검했다. 많은 구민이 적극적인 백신접종 의지를 보여주었다. 나만 이런 생각을 하는 것이 아니라는 것을 다시 한 번 현장에서 느낄 수 있었다.

긴급 추경예산안 편성을 심의하며 백신예방접종센터에서 느꼈던 구민들의 불편함을 개선할 것을 담당부서에 촉구했다. 시설적인 문제와 백신 접종을 기다리며 구민들의 느끼는 긴장감에 대해 설명을 하고 구민들이 편안하게 백신 접종을 할 수 있는 방안을 고민하도록 하였다.

그리고 코로나 장기화로 구민들은 물론 공무원들까지 모두 지쳤음을 인지하게 되었다. 최일선에서 구민의 안전을 지키는 공무원이 지치면 결국 구민의 안전도 위협받을 수 있다고 생각했다. 따라서 5분 자유발언을 통해 적극적인 행정과 공무원의 피로도를 줄이기 위해 구청 공무원의 증원을 주장했다. 단순 공무원의 증원이 아닌 코로나 시대에 맞는 인력 증원을 할 것을 주장했다.

강동구는 이제 인구 50만의 거대 자치구이다. 그에 맞는 공무원 수를 갖추고 코로나 관련 전담 부서 조성을 통해 구민의 안전을 지키는 것이 필요하다고 생각했다.

앞으로 코로나가 언제 종식될지, 판단할 수 없는 지경에 이르렀다. 하지만 구민 대표로 선출되고 부의장이라는 지위에 있는 만큼 난 최선을 다해 구민의 안전과 건강을 보호하고 지킬 것이다. 그것이 나의 소임이라고 생각한다. 2022년 코로나 종식을 위해 작은 힘이나마 보탤 수 있도록 한 번 더 생각하고 한 번 더 움직일 것이다.

강동구 코로나 백신예방접종센터 방문

04 미래 일자리 창출, 코딩 교육에 앞장서다

1) 미래를 준비하는 교육

2019년, 나는 미래 개척 분야의 공헌을 인정받아 제1회 거버넌스 지방정치대상을 받았다. 거버넌스 지방정치대상은 주민 주권을 실천하며 21세기 거버넌스 민주주의를 선도하는 건강하고 유능한 지방정치인을 발굴하고자 조직된 대회다.

나는 부의장으로서 4차 산업혁명 시대에 일회성 일자리가 아닌 지속가능한 미래지향적 일자리를 창출하기 위한 코딩 교육의 중요성을 강조하고 행정기관의 적극적인 관련 정책 시행을 촉구했다. 이를 통해 강동구의 '4차 산업 인재양성 프로젝트' 및 '코딩 교육 지도자 양성과정' 등의 정책 시행을 끌어냄으로써 강동구가 4차 산업혁명 시대의 코딩 교육을 선도하는 역할을 하도록 길을 잡아주었다.

나는 이 일을 통해 '2019 거버넌스 지방정치대상' 시상식에서 미래 개척 분야로, 주민생활 편익증진 분야인 당시 황주영 의원 강동구의회 의장과 함께 우수상을 수상하는 영광을 안았다.

나는 의회에 손랩소프트 손유상 대표를 초빙하여 제4차 산업혁명 시대를 대비한 코딩 교육을 주제로 특강을 개최하기도 했다. 이어서 강동구에서 선제적으로 코딩 교육을 실시했는데, 이를 바탕으로 한 일자리 정책을 마련하는 것이 급선무라는 생각으로 교육지원과, 일자리경제과 직원들도 함께 진행했다.

코딩이란 컴퓨터가 알아들을 수 있는 컴퓨터 언어를 말한다. 코딩이 강조되는 이유는, 제4차 산업혁명을 대표하는 사물인터넷, 인공지능, 로봇, 가상현실과 같은 기술이 바로 이런 코딩을 바탕으로 이루어지기 때문이다. 세계경제포럼의 '일자리의 미래' 보고서에 따르면, 가까운 미래에 로봇공학, 빅데이터, 바이오, 3D프린팅 등의 분야에서 일자리 200만 개가 증가하고, 현재 초등학교 아이들의 65%가 이와 관련된 일자리에 종사하게 된다고 한다. 그만큼 컴퓨터를 다룰 수 있는 코딩 교육이 중요해진 것이다.

코딩과 관련하여서는 비단 미래의 문제만이 아닌 현실의 문제이기도

하다. 음식점만 하더라도 주문을 받는 아르바이트 일자리가 줄고, 그 자리를 코딩된 기계 기오스크 무인결제 단말 기가 대신해서 주문을 받고 있다.

자동차 산업 분야에서는 자율주행을 누가 먼저 선점하느냐가 각 브랜드의 최고 관심사가 된 지 오래다. 자율주행의 핵심 개발연구가 바로 코딩 기술인 것이다.

제4차 산업혁명 시대를 대비한
코딩 교육을 주제로 특강

2019 거버넌스 지방정치대상 우수상 수상

2) 생각을 실천에 옮기는 교육

앞으로 전국 1만여 초·중·고 학교의 코딩 의무교육을 시행해야 하는데, 현재 코딩 강사 수가 절대 부족하다. 학교당 2명의 코딩 선생님이 필요한 상황이니, 이를 통해서 2만여 개의 일자리가 창출된다.

또 외부 전문가를 섭외하여 소프트웨어 교육을 강화함으로써 경력단절 여성 및 미취업자에게 학교 코딩 강사 일자리를 연계할 수도 있다. 코딩을 통한 일자리 창출은 일회성 일자리가 아닌 지속 가능한 미래지향적 일자리를 창출하는 것이다. 제대로 된 소프트웨어 교육만 잘 계획하고 실행한다면 우리 강동구는 제4차 산업에 선도적인 입지를 다질 수 있을 것이다.

앞서 강동구의회에서 제4차 산업혁명 시대를 대비한 코딩 교육을 주제로 특강을 한 바 있는 손랩소프트 손유상 대표의 제자들이 '여성안심 지킴이' 앱 개발을 통해 재능기부를 실천하며 청출어람하였다.

학생들에 따르면 "여성이 안심하고 안전하게 지낼 수 있는 사회를 만드는 데 기여하고자 '여성안심 지킴이' 앱을 개발하게 되었다"는데, 해당 앱은 골목 등 보안을 위해 운영되는 공용 CCTV 위치 자료를 바탕으로, 4단계로 나누어 단계적으로 위험 정도를 알려주는 앱이다.

또한 CCTV 설치가 필요한 지역으로 판단됨에도 CCTV가 설치되어 있지 않은 지역에 대해서는 관계기관에 설치 요청 또한 직접 할 수 있도록 프로그램되어 있다.

앱을 개발한 학생들은 "4차 산업혁명 시대를 맞아 안전한 사회를 조성하고 구현하는 데 꼭 필요한 일이라고 생각해 실천에 옮긴 일"이라며, "앱 개발과 사용권에 대해서는 수익의 목적보다는 꼭 필요한 곳에서 올바르게 사용되어 주민들께 도움이 되길 바라는 마음뿐"이라고 했다. 이러한 학생들의 마음과 실천력에 큰 감동을 받았다. 더욱이 강동구를 위해 아낌없이 재능기부해 준 것에 대해 감사한 마음을 담아 의회로 초대해 감사장을 수여했다.

'여성안심 지킴이' 앱 개발 재능기부 학생들에게 감사장 수여

05 지방의원의 예산·결산 심사 노하우

1) 지자체 예산의 편성과 집행

예산은 지자체의 한 해 동안 살림 규모인데, 자자체가 목표를 달성하는 데 필요한 재원을 어떻게 조달하고 집행할 것인지를 포함한 배분 등의 의사결정 과정을 금액으로 표시한 것이다. 대개 회계의 성격에 따라 일반회계와 특별회계로 나누고, 성립 시기에 따라 본예산, 추가경정예산 등으로 나눈다.

(1) 일반회계와 특별회계

일반회계는 예산 가운데 주민의 공공복지 증진 사업에 배정된 회계를 말하는데. 일반회계로 운영되는 사업은 특성상 공공성이 더 강조되어 대개 성과 분석이 어렵다. 일반적으로 '예산'이라면 일반회계를 말하는 것으로 보면 된다.

특별회계는 특별한 목적을 이루기 위해 특정한 세출에 충당하는 회계를 말하는데, 특별회계로 운영되는 사업은 기업적 성격이 강조되어 대개 성과 분석이 쉽다. 「지방재정법」 9조에 보면, 지자체의 특별회계는 공기업이나 특정 사업을 운영할 때, 특정 자금이나 특정 세입·세출로 일반 세입·세출과 구분해서 회계 처리가 필요할 때에 한정해 법률이나 조례로 설치하도록 하고 있다.

특별회계는 여기서 또 공기업특별회계와 기타특별회계로 나뉜다. 기타특별회계는 주민의 공공복지 증진과 밀접하여 관련된 회계로, 일반회계와 분리하여 운영하는 회계를 말한다. 그러니까 회계의 내용은 일반회계에 가깝지만, 일반회계와는 별도로 편성되어 운영되므로 특별회계로 분류되는 것이다.

공기업특별회계는 해당 회계로 집행되는 공공 서비스를 제공받게 되면 그 서비스에 대해서 수익자 부담의 원칙에 따라 원가를 계산하여 적정한 사용료를 부과할 필요가 있을 때 수익비용 등 복식부기회계방식에 따라 운용하는 회계를 말한다. 이때 편성, 집행, 결산의 전 과정은 「지방공기업법」을 적용받는다. 이런 공기업특별회계와는 별개로 지자체가 직접 설립하여 경영하는 직영기업과 지방공사 등에 대한 회계가 있다.

예산이라고 하면 일반회계와 특별회계를 일컫지만, 공기업특별회계와 비슷한 특성으로 지자체장이 전액 출자하여 설립하거나 지분 참여한 법인은 투자기관, 공사, 공단 또는 기타 출자법인이라 해서 「지방공기업법」을 적용받긴 하지만 지자체와는 별개의 법인이므로 대개 예산에는 포함되지 않는다.

(2) 기금과 세입세출외현금

기금은 특별회계와 그 성격이 같다. 이 역시 법령이나 조례에 의거하여 설치해야 한다. 회계는 의회에서 의결된 범위 내에서만 집행해야 하지만, 기금은 애초에 계획한 수입 및 지출 등의 집행에 탄력성이 부여된 별도의 재정이다.

기금은 예산편성 시에 기금운용계획을 의회에 제출하여 의결을 받아 확정하고, 법령에서 정한 기준 범위 안에서는 의회 의결 없이 기금운용계획을 변경할 수 있다. 그러니까 정책사업 전체 금액이 변경되지 않는 범위에서는 세부 항목 변경을 허용하고 있는 것이다.

구분	일반회계	특별회계	기금
설치 사유	• 자치단체의 일반적 재정활동	• 특정세입으로 특정 • 세출에 충당 • 특정사업 운영 • 특정자금 보유 운용	• 특정목적 및 시책 추진을 위해 특정 자금을 운용할 필요가 있는 경우
재원조달 및 운용형태	• 공권력에 의한 지방세 수입과 무상적 급부의 제공이 원칙	• 일반회계와 기금의 운용형태 혼재	• 출연금, 부담금 등 다양한 수입원으로 융자사업 등 수행
확정 절차	• 사업부서 예산요구, 예산부서 예산안 편성, 지방의회 심의·의결	• 좌 동	• 기금운용부서 계획 수립, 예산부서 협의·조정, 지방의회 심의·의결
집행 절차	• 집행과정에서도 합법성에 입각한 통제가 가해짐 - 예산의 목적 외 사용 금지 원칙	• 좌 동	• 집행과정에서는 합목적성 차원에서 자율성과 탄력성이 보장
수입과 지출의 연계	• 특정한 수입과 지출의 연계 배제	• 특정한 수입과 지출의 연계	• 좌 동
계획 변경	• 추경예산 편성	• 좌 동	• 정책사업 지출금액의 20퍼센트 초과 변경시 지방의회 의결
결산	• 지방의회 심의 승인	• 좌 동	• 좌 동

예산과 기금 외에 세입세출외현금도 지자체가 관리하고 있다. 지자체의 장이 일시적으로 보관·관리하는 세입세출외현금은 예산과 기금과는 달리 의회의 승인을 받지 않고 운용계획을 제출하지도 않는다. 다만, 지자체의 장이 재무보고서에 포함하여 보고하도록 하고 있다.

공무원 급여 등에 대한 세금을 지자체의 장이 보관하고 있다가 다음 달에 납부하는 세입세출외현금은 보관금, 보증금, 잡종금 등 기타로 구분하여 관리한다.

(3) 예산의 성립 시기에 따른 분류

성립 시기별로 구분하는 예산에는 본예산, 수정예산, 성립전사용예산, 추가경정예산이 있다. 대개 예산이라 하면 본예산을 말한다.

수정예산은 본예산이 의회에서 의결되기 전에 지자체가 수정하여 제출한 예산이다.

성립전사용예산은 지방교부세, 국고보조금과 같이 사업 용도가 지정되고 소요경비 전액이 교부된 경비와 재해구호 및 복구 용도로 교부된 경비에 대해서 의회의 예산 승인 전에 지자체의 장이 우선 집행한 이후에 차기 추가경정예산에 계상하여 의회의 승인 절차를 거치는 예산이다.

추가경정예산은 예산이 편성되고 회계연도가 개시된 이후에 세입이나 세출에 변동이 생겨 이미 성립된 예산 내용을 추가하거나 변경할 필요가 있을 때 의회에 제출하여 승인을 받아 집행하는 예산이다.

(4) 예산의 편성과 집행의 원칙

예산을 편성하고 집행하는 데는 일정한 원칙이 필요하다. 그래야 예산을 적정하고도 효율적으로 운용할 수 있기 때문이다. 예산 편성과 집행에 관한 원칙은 「지방자치법」과 「지방재정법」에 명시되어 있는데, 8가지 원칙으로 대별된다.

[회계연도 독립의 원칙]

각 회계연도의 경비는 당해 연도의 세입으로 충당하고, 매 회계연도의 세출예산은 다음 연도에 사용할 수 없다는 원칙이다.

회계연도는 지자체가 세입·세출의 상황을 명확하게 관리하고 재정을 적절하게 통제하기 위해 설정한 기간으로, 우리의 의회는 1월 1일부터 12월 31일까지 1년 단위로 정하고 있다. 다만, 예산의 탄력적인 운용을 위해 몇 가지 예외를 두고 있는데 계속비, 예산의 이월, 세계잉여금의 세입이입, 과년도 수입 같은 것이다. 물론 이런 예외도 자의적인 집행은 허용되지 않고, 의회의 의결이나 승인을 얻어야 한다.

[건전재정의 원칙]

지자체의 재정은 수지균형의 원칙에 따라 건전하게 운영해야 한다는 원칙이다. 이런 원칙에 따라 지방 재정 운용에서도 적자재정은 인정하지 않고 있다. 다만, 유연한 재정 운용을 위해 예외를 두어 특정한 한도 내에서 발생시키는 지방채와 차입금은 의회의 사전 의결을 조건으로 허용해오고 있다.

[예산의 목적 외 사용금지 원칙]

지자체의 장은 세출예산에서 정한 목적 이외의 경비를 사용할 수 없고, 세출예산이 정한 각 사용처나 사업 간에 서로 융통하여 사용할 수 없다는 원칙이다.

[예산총계주의 원칙]

세입·세출은 모두 예산에 계상하여야 한다는 원칙이다. 세입세출예산은 예산의 기본이며, 그 내용은 1회계연도에서 일체의 수입을 세입, 일체의 지출을 세출로써 각각의 총계로 표시하는 것이다. 이를 각각 세입

예산, 세출예산이라 한다. 재정의 전반을 파악하기 쉽고 예산 집행의 책임을 명확히 할 수 있다는 장점 때문에 우리나라를 비롯해 대다수 국가가 예산총계주의를 채택하고 있다. 다만, 지자체의 행정 목적 달성을 위하거나 공익상의 필요에 따라 재산을 보유하거나 특정 자금의 운용을 위해 운영하는 기금, 기타 손실부담금, 계약보증금 등 사무관리의 필요에 따라 지자체가 일시적으로 보관하는 경비는 예외적으로 예산에 편성하지 않는다.

[예산 사전절차 이행의 원칙]

예산과 관련된 법령과 조례는 반드시 사전에 제정된 후에 예산을 의결하고, 중앙부처 또는 상급 지자체의 승인 사항은 승인 절차를 이행한 후에 예산을 편성하여 의회에 제출하며, 관련 위원회나 부서와의 협의 사항은 반드시 사전 협의 절차를 이행한 후에 예산을 편성한다는 원칙이다.

[공개의 원칙]

지자체의 장은 지역주민의 알 권리 보호와 집행부 독주의 방지, 주민의 조세저항의 최소화를 위해 예산안을 고시해야 한다는 원칙이다. 의회 의장은 예산안이 의결되면 3일 이내에 지방자치단체의 장에게 이송해야 하고, 지자체의 장은 예산을 이송받으면 지체없이 시·도지사에게 보고하고 그 내용을 고시해야 한다.

[예산 사전의결의 원칙]

예산은 회계연도 개시 10일 전까지 심의·확정되는 등 지방의회의 사전승인을 얻어 집행하는 원칙이다. 다만, 선결처분, 용도지정 전액 보조금 사용, 준예산제도 등은 예외로 인정하고 있다. 여기서 선결처분이란 의회가 성립되지 않은 때이거나, 의회의 의결사항 중 주민의 생명과 재산 보호를 위하여 긴급하게 필요한 사항으로서 의회를 소집할 시간적 여유가 없는 때이거나, 의회에서 의결이 지체되어 의결되지 않은 때에 지자체의 장이 우선 집행하는 것을 말한다.

[예산 한정성의 원칙]

예산은 연도 간, 분야·부문·정책사업 간에 각기 명백한 한계가 있어야 한다는 원칙이다. 예산의 목적 외 사용금지, 분야·부문·정책사업 간의 상호융통·이용의 금지, 예산의 초과지출 및 예산외 지출의 금지, 회계연도의 독립 등을 포함한다. 예산 한정성의 원칙이 보장되지 않으면 예산의 실질적인 의미가 상실되며, 집행부의 재량권이 지나치게 확대되어 지방의회의 예산심의권이 침해받게 된다.

그 밖에도 국가정책에 반하는 재정지출의 금지, 수입의 직접사용 금지, 기부 또는 보조의 제한, 출자의 제한, 법령에 따른 공무 관련 경비 집행 법령의 위임 없이 공무원 관련 경비 조례 제정 금지, 정당한 채권 청구권자 이외의 예산 집행 금지의 원칙 등이 있어 예산의 편성과 집행을 적절히 규제하고 있다.

2) 예산편성의 사전절차

예산을 편성할 때 반드시 점검해야 하는 사전절차에는 중기지방재정계획, 재정투융자심사제도, 공유재산관리계획 의결 같은 지방재정관리제도가 있다. 관계 법령에 규정된 이런 제도는 예산의 편성과 관련된 사전관리제도와 예산의 집행과 관련된 사후관리제도로 구분할 수 있다.

중기지방재정계획은 지자체의 발전 계획과 수요를 중장기적으로 전망해서 반영한 다년간의 예산으로, 효율적인 재원 배분을 통한 계획적인 지방 재정을 수립하는 5개년 연동화 계획을 말한다.

재정투융자심사제도는 지자체의 각종 투자 사업에 대한 무분별한 중복투자 방지를 위해 도입된 제도로, 지자체의 주요 투자 산업이나 행사성 사업에 대해서 예산편성 전에 사업의 타당성, 효율성 등을 심사하는 제도다.

지방재정관리제도는 재정의 안정적 관리와 전체적인 투자 효율의 극대화를 위한 단위 분야별 제도다. 그래서 제도 간 시계열의 단계적 연계 운영 방안을 법령에서 제시하고 있는 바, 재정 운영의 효율성을 확보하기 위해서는 제도의 유기적인 통합 운영이 필요하다.

3) 지자체 예산의 절차

예산편성은 지자체의 세입·세출 예산안을 작성하는 것으로, 회계연도 개시 최소 6개월 전부터 각종 재정관리제도 등의 사전절차를 이행하고 예산 요구, 조정, 예산안 확정에 이르는 모든 과정을 아우른다.

그 편성과정은 '예산 방침 시달 → 사업부서의 예산 요구 → 예산 조정 → 의회의 심의 → 예산 확정' 절차를 거친다.

예산의 편성 권한은 지자체의 장에게 있고, 편성하여 제출한 예산안에 대한 심의 및 의결 권한은 의회에 있다. 기초지자체의 장은 회계연도 개시 40일 전까지 편성안을 제출하고, 기초의회는 이 안을 회계연도 개시 10일 전까지 의결한다.

심사절차는 '지자체장의 제안 설명 → 상임위의 예비심사 → 예결위의 2차 심사 → 본회의의 최종 심사 및 의결' 의 과정을 거친다.

예산을 심의할 때 의회는 지자체장이 제출한 예산안을 지자체장의 동의 없이 각 정책사업의 예산을 증액하거나 새로운 비목을 추가할 수 없다. 다만, 삭감된 예산 전액을 예비비로 증액할 경우에는 지자체장의 별도 동의가 필요 없다.

지자체장이 예산안을 의회에 제출한 이후에 불가피한 사유로 그 내용의 일부를 수정할 필요가 있는 때는 수정예산안을 작성해서 의회에 다시 제출할 수 있다.

예결위의 심사 보고가 끝나면 본회의에서 예산 총액에 대해 의결하게 되는데, 의결 전에 부분별로 부의하여 의결할 수 있다. 예산안 가운데 예결위에서 재심을 할 필요가 사항이 발견된 때에는 본회의 의결을 거쳐 그 사항에 한하여 기간을 정해 예결위에 재심을 요구할 수 있다.

그렇다면, 의회가 법정기간 안에 예산을 의결하지 않을 때는 어떻게 해야 할까?

「지방자치법」은 예산이 성립되지 못했을 때 예산 집행과 관련된 사항을 규정하고 있다. 의회에서 예산이 의결될 때까지는 전년도 예산에 준하는 수준으로 예산을 집행할 수 있다.

그런데 예산편성에 주민이 직접 참여함으로써 재정 투명성과 책임성이 높아진다. 이른바 주민참여예산이다. 지역주민이 지자체의 예산편성에 참여하는 범위가 소규모 공모 사업에서 주요 사업까지 대폭 확대되고 있다.

그동안 많은 지자체가 주민참여예산제도를 운영하면서도 주민 참여 범위를 소규모 공모사업 위주로 제한해 왔다. 정작 대규모 예산이 들어가는 사업에는 주민 의사가 반영되지 못하는 경우가 많았다. '지자체 재정분석' 지표에 '지방자치단체 예산 중 주민참여예산사업 비중'을 반영해 주민참여예산사업을 확대하는 추세다.

『예산안 심의의결 흐름도』

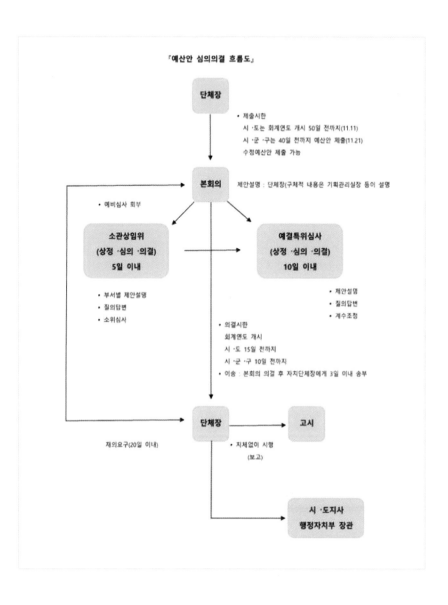

단체장

- 제출시한
  시·도는 회계연도 개시 50일 전까지(11.11)
  시·군·구는 40일 전까지 예산안 제출(11.21)
  수정예산 제출 가능

본회의

제안설명 : 단체장(구체적 내용은 기획관리실장 등이 설명

- 예비심사 회부

소관상임위
(상정·심의·의결)
5일 이내

- 부서별 제안설명
- 질의답변
- 소위심사

예결특위심사
(상정·심의·의결)
10일 이내

- 제안설명
- 질의답변
- 계수조정

- 의결시한
  회계연도 개시
  시·도 15일 전까지
  시·군·구 10일 전까지
- 이송 : 본회의 의결 후 자치단체장에게 3일 이내 송부

단체장   →   **고시**

재의요구(20일 이내)

- 지체없이 시행
  (보고)

시·도지사
행정자치부 장관

4) 예산을 심사할 때 검토되어야 하는 것들

예산을 잘 심사하려면, 먼저 과거의 편성 예산을 얼마나 잘 집행했는지 분석할 수 있어야 한다. 그런 분석 능력이 없으면 예산편성이 잘 되었는지 어떤지 알 수가 없다.

가령, 최근 3개 연도 예산 집행 현황을 파악하고 분석해서 예산집행 실적이 부진한 사업은 과다하게 편성된 부분을 삭감하여 보다 긴급하고 중요한 사업 예산으로 조정하는 것이 필요하다.

어떤 사업은 과거에 연이어 사고이월 해왔는데, 예산편성을 보니 과거 수준으로 예산을 재편성해서 제출하는 경우가 있다.

이런 경우는 사고이월 가능성을 면밀히 조사하여, 예측되는 사고이월 예산을 보다 긴급한 사업에 편성될 수 있도록 조정하는 것이 지자체의 재정 효율성을 높이는 방법이다.

현실성 없는 사업을 예산에 편성하는 경우도 종종 생기는데, 사업의 목적 및 추진 계획을 면밀히 검토하여 집행 여부를 판단해야 한다.

그런가 하면, 국고 보조 사업에서는 지방비 부담비율에 맞게 편성했는지 여부와 타당성 분석이 필요하다.

과거에 예산집행 결과 예산절감 성과가 있었던 것으로 보고된 사업은 그 예산절감 성과를 반영하여 적정예산을 편성했는지 살펴보아야 한다.

1. 장기계속사업에서 당초 계획의 변경 여부, 변경이 있었다면 변경 사유, 당해연도 투자가 적정한지 여부를 점검한다.

2. 시책 홍보비 성격의 예산이나 이벤트성 경비의 편성 사유와 규모 등이 적정한지 점검한다.

3. 분담금, 부담금의 계상 근거와 규모의 적정성과 타당성을 점검한다.

4. 지난 예산보다 증액 편성한 경우에는 증가 요인에 내재된 감액 요인에 대해서도 점검한다.

5. 예산에 대한 주민 부담의 추이와 구조를 검토하여 주민 부담 수준이 적정하고 경감할 여지는 없는지 점검한다.

6. 세입예산의 각 세목에 대한 추계가 적정했는지를 점검한다.

7. 5년에 이르는 장기계속사업의 경우, 매년 단년도 예산으로 편성하지 않고 계속비로 편성하여 관리되고 있는지 점검한다.

8. 중기지방재정계획과 연계하여 예산이 편성, 심의, 집행되고 있는지 점검한다.

문규주(은평구의원)

moonkj66@hanmail.net

현) 제8대 은평구의회 후반기 부의장

전) 사랑가득요양원 시설장

전) 디딤돌어린이집 시설장

(사) 나눔플러스 운영이사

(사) 한국청소년육성회 수색분회장

- 은평구 공직자윤리위원회 위원
- 은평구 학교급식지원 심의위원회 위원
- 은평구 남북교육협력위원회 위원
- 은평혁신교육지구 운영협의회 위원
- 은평구 학술연구용역 심의위원회 위원
- 은평구 정보화추진위원회 위원
- 은평구 후생복지심의위원회 위원
- 은평구 평생교육협의회 위원
- 은평구 문화관광 특구개발 자문위원
- (전)은평구 아동위원협의회 위원
- 국민대 정치대학원 지방정치학과 졸업
- 사회복지사
- 학교폭력상담사
- 2017 서울시 구의회 의장협의회 의정대상 수상
- 2017 대한민국 지방자치평가 의정대상 우수상 수상
- 2018 제9회 서울사회복지대상 수상
- 2021 서울특별시 구의회 의장협의회 지방의정대상 수상

5장

이제는
혁신정치 4.0으로

01 혁신정치

1) 정치란 무엇인가?

정치학 교과서에 가장 먼저 등장하는 구절은 "정치는 사회적 가치의 권위적 배분이다". 데이비드 이스턴 [시카고대 교수]

다시 말해 자원을 어떻게 분배하는 것이 바람직한지 우선 순위와 정책 방향을 조정하는 것이라고 말한다.

그런데 과연 지금의 정치가 공정한 자원분배와 공정한 정치가의 역할을 하고 있는걸까?

과연 우리 정치가 자원 배분의 본분을 다하고 있는가?

경제학에서의 평등은 한정된 자원을 효율적으로 배분하고 사회 전체의 파이를 키우는 것이라고 배웠다. 그러나 안타깝게도 우리의 정치 시스템은 제대로 작동한다고 보기는 어려운 것 같다. 진보냐 보수냐의 이념 싸움이 아니라 먹고사는 문제, 민생과 격차 해소의 정책에 초점을 맞춰달라 주문하고 있다.

불평등한 구조, 양극화 해소, 경제성장, 고용확대, 저출산문제 등 정치권이 우선적으로 해결해야 할 과제는 너무도 많다.

대한민국은 OECD 국가 중 소득격차가 미국 다음으로 높은 나라이다.

상위 자산 1%를 가진 자가 전체 부의 50.1%를 점유하고 있다. 한 경제연구소에 따르면 노동자와 CEO 간의 임금 격차는 무려 300배라고 한다. 노동자의 소득이 10% 인상되는 동안 CEO의 소득은 1,000% 가까이 증가한다.

불평등의 확산 속도로만 놓고 보면 단연 세계 최고다.

더 이상 개천에서 용이 안 나는 사회. 부와 가난이 대물림되면서 우리 사회를 변화시켜 온 기회의 사다리가 사라지고 있다. 불평등은 정치권이 반드시 해결해야 할 숙제이다. 하지만 우리의 정치는 민생을 돌보기보다 권력을 잡기 위한 수단으로 활용하고 있는 것 같다. 국민에 의해 선출된 많은 정치인들은 국민의 대표임을 망각한 채 서민들이 먹고 사는 문제에 대해 제대로 관심을 기울이지 않고 있다.

우리의 미래를 꿈꿀 수 없고 내 일자리조차 지키지 못하는 이런 현실이 계속된다면 정치가 존재할 이유는 그 어디에도 없을 것이다. 불평등한 경제 시스템을 만든 정치권에 분노와 불신이 쏟아지는 것 당연한 일 아닐까?

"국민은 투표할 때는 주인이지만 투표가 끝나면 노예로 돌아간다."

프랑스의 사상가 루소가 대의 민주주의의 한계를 지적한 말이다. 국민에게 위임받은 권력이 국민 위에 군림하는 모순된 현실을 꼬집고 있다.

지금 전 세계 곳곳에서는 국민을 대표하지 못한 기성 정치에 대한 염증과 혐오가 정치판을 뒤흔들고 있다. 만약 정치권이 국민들의 요구를 수

용하지 못했을 때 우리 사회에는 어떤 일이 벌어지게 될까?

대격변이 예고되는 2022년 정치의 새로운 미래를 어떻게 맞이해야 할 것인가. 지금 우리는 무너진 정치를 바로 세워야 한다는 시대적 요구에 응답해야 한다.

2) 포데모스

스페인은 우리나라와 매우 비슷한 정치 환경을 가진 나라다. 그런데 지난 2015년 총선 당시 대이변이 벌어졌다. 바로 시민들이 직접 나서 정치의 판도를 바꾼 것이다. 어떻게 이런 일이 가능했을까?

스페인의 정치가 늘 시민들과 함께 호흡한 것은 아니었다. 오랜 기간 군사 정권의 지배를 받았고 정치권 내의 부정부패 스캔들도 끊이지 않았다. 민주화 이후에도 40년 넘게 양당 체제를 유지해올 정도로 스페인의 정치 구조는 폐쇄적이었다.

그런데 2015년 총선에서 놀라운 일이 일어났다. 시민이 만든 신생 정당 포데모스가 69석의 의석을 확보하면서 제3당으로 떠오른 것이다. 2014년에 만들어진 포데모스는 스페인의 40년 묵은 정치 구도를 깨뜨렸다. 포데모스 같은 정치세력이 국회에 입성하는 것은 스페인의 정치시스템에 큰변화가 생기기 시작하였다는 뜻이다.

스페인은 지난 2008년 금융위기 이후 실업률이 20% 넘게 치솟는 등 심각한 경제 위기를 겪었다. 정부의 긴축 정책으로 고통 받던 시민들은 거리로 쏟아져나왔다. 일자리 문제, 빈부 격차 해소, 등을 요구한 800만 명의 시민을 중심으로 새로운 정당 포데모스가 탄생했다.

포데모스는 기성 정당과 달랐다. 국회의원의 연봉과 임기를 제한하는 등 특권을 내려놓았다. 무엇보다 포데모스에선 시민이 주인공이었다. 누구나 온라인과 오프라인을 통해 당의 주요한 사항을 결정할 수 있다. 시르클로스라는 자치 모임을 만들어 정치에 직접 참여할 수도 있었다.

스페인의 정치 실험은 아직 현재 진행형이다.

포데모스는 창당한 지 이제 6년이 된 정당으로 그 성과를 평가하기엔 아직 이르다. 하지만 이것 한 가지는 확실해 보인다.

시민들이 정당의 중심에서 적극적으로 정치에 나선 결과 정치와 일상의 벽이 허물어진 것이다. 우리도 촛불시위 이후 한국에도 정치적 변화가 일어난 것처럼.

단순히 광장에서 분노하는 것만으로 그친 것이 아니라 시민들을 중심으로 새로운 정당이 탄생시켰고 그로 인해서 기존 정치의 틀이 변화되었다는 것만으로도 굉장히 변화된 현상인 것이다.

'정치는 생물'이란 말처럼 지금 세계 곳곳에서는 시민을 중심으로 한 새로운 정당들이 만들어지고 또 시민에게 전폭적인 지지를 얻고 있다. 아이슬란드에서는 '정치판의 로빈후드'로 불리는 해적당이 제2당으로 올라서면서 돌풍을 이어가고 있으며, 이탈리아에서는 평균 연령 37세의 젊은 정당 오성운동이 아직 걸음마 단계이지만 급진적인 정책을 내놓으며 화제로 떠올랐다. 분명한 것은, 시민이 중심이 되는 새로운 정치 흐름은 거스를 수 없다는 것이다.

한 조사에 따르 '나를 대표하는 정당이 있느냐'라는 질문에 우리나라 국민의 약 60%가 '없다'고 응답했다. 정당이 시민의 지지를 받지 못하고 외면받는다면 존립해야 할 이유가 과연 있을까. 먹고사는 문제에 보수와 진보를 구분 짓는 건 무의미하다.

우리나라 사람들이 하루하루를 살아가면서 필요한 정책은 영남 사람과 호남 사람이 서로 다르지 않다. 이제 우리 정치가 이념 갈등, 진영 논리에서 벗어나 누구를 위한 정당인지 누구를 위해 존재하는지 증명해야 할 때다.

3) 청년들의 정치 참여

요즘 대한민국 청년들, 참 힘들다. 일자리 부족으로 취업 준비생은 늘어나고 부동산 폭등으로 젊은이들의 꿈과 희망은 사라지고 청년문제는 사회적으로 공감대가 형성되어가고 있지만 막상 우리 사회의 총체적 문제를 논의해야 하는 정치권에서는 청년이 소외되어 있는 듯하다.

말뿐이 아닌 진짜 청년을 위한 정치를 어떻게 하면 만들 수 있을까?

무엇보다 정당이 국민을 대표할 수 있게끔 대표성을 되찾아야 한다.

21대 국회의원의 평균 연령은 54.9세로 20대는 2명에 불과하다. 국회의원 300명 중 130여 명이 법조인, 관료, 교수 출신이며, 평균 재산은 21억 원이 넘는다. 과연 일상의 문제를 직접 경험해보지 못한 사람들이 청년 실업, 주택 문제, 저출산 등 여러 가지 복잡한 사안을 해결해줄 수 있을까? 청년의 문제를 제일 잘 아는 사람은 바로 청년이다.

우리와 다르지만 독일의 예를 들어본다.

독일은 한국과 다르게 젊은 정치인을 자주 만날 수 있다.

올해 나이 스물아홉 슈타이니거 의원도 그들 중 하나이다.

작은 시골 마을에서 자란 슈타이니거 의원은 열다섯 살에 정당의 청년

조직에 가입했다. 그는 고향 마을에 젊은 청년들을 위한 스케이트장과 바비큐 공간을 만들고자 하는 소박한 이유로 정치에 입문했다. 독일에서 청년 국회의원의 비율은 전체의석의 약 20%를 차지한다. 30세 미만인 국회의원 수도 18명이나 된다.

몇 해 전 독일에서 10대의 어린 국회의원이 선출됐다는 사실에 신선한 충격을 받았다.

독일에서는 14세 이상이면 누구나 정당의 청년 조직에 가입할 수 있다. 전당대회장에서도 청년들의 모습을 쉽게 찾아볼 수 있다.

청년 조직 활동은 훌륭한 정치 경력으로 인정되며, 슈타이니거 의원 역시 이를 통해 정치 능력을 검증받았다. 그는 기독민주당의 청년 조직 위원장을 지냈다.

독일에선 정치에 대한 관심과 참여가 국회의원이 되기 위한 제일 조건이다. 평범한 사람도 정치의 주인공이 될 수 있는 환경 덕분에 다양한 목소리가 정치권에 전달되고 있다.

독일에서 많은 청년 정치인이 탄생하는 것이 단순히 그들의 의식이 높아서만이 아니라고 생각한다. 그렇다면 독일과 우리 대한민국의 제도적으로 어떤 차이가 있는걸까?

역대 독일 총리들의 모습을 보면 한 가지 공통점이 있다.

올라프 숄츠2021~현재 17세에 정치 입문

앙겔라 메르켈2005년~2021년 17세에 정치 입문

게르하르트 슈뢰더1998~2005년 19세에 정치 입문

헬무트 콜1982~1998 17세에 정치 입문

헬무트 슈미트1974~1982 27세에 정치 입문

빌리 브란트1969~1974 17세에 정치 입문

이들은 대부분 10대 청년 시절에 정치에 입문했다는 것이다.

더구나 정치에 입문한 계기 자체가 우리와 큰 차이가 있다. 부와 명예 권력을 쥐기 위해 정치에 뛰어든 것이 아니라 일상의 작은 문제를 해결하기 위해 관심을 갖다 보니 자연스럽게 국회의원까지 됐다는 것이다.

정치권과 무관해 보이는 사람을 참신한 인재라 여기는 우리와는 확연히 다른 모습이다. 정치는 시민의 일상에 녹아들 수 있고 그들과 함께 호흡할 수 있는 사람이 해야 한다.

지난 2019년 우리도 공직선거법이 개정되면서 선거연령이 만 18세로 조정되어 청년세대의 정치 참여 폭이 넓어졌다. 지난 4·7 보궐선거를 통해 청년들의 투표율이 높아지면서 많은 변화가 일어났고 새로운 시장이 탄생했다.

한때 '정치가 밥 먹여 주느냐'며 정치권에 냉소를 던지고 자신의 권리를 포기하는 사람들이 있었다. 그러나 우리는 우리에게 주어진 권리, 투표를 하는 것을 포기해서는 안 된다. 월 소득 100만 원 이하의 투표율 보다 월 소득 700만 원 이상의 투표율이 약 6% 정도 높다. 거주 형태로 살펴봐도 주택을 소유한 사람이 그렇지 않은 사람보다 투표율이 10% 더 높았다. 만약 이런 투표 결과가 지속된다면 우리 사회는 어떻게 될까? 이것만 보아도 우리가 투표를 꼭 해야 하는 이유는 충분하지 않을까?

결국 투표하는 집단으로 힘이 쏠리게 되면 정치도 힘의 균형을 이룰 수밖에 없게 된다.

투표는 정치권에 내 의사를 전달하는 과정이다. 내가 목소리를 내지 않는다면 세상은 나의 말에 귀 기울여주지 않는다. 내가 투표를 포기하는 순간 나의 문제는 해결할 수 없게 되는 것이다. 부패한 정치인이 가장 환영하는 것은 유권자의 무관심이다. 위기의 정치를 바로잡을 수 있는 그 시작은 최소한의 권리와 의무를 포기하지 않는 것이다.

아르헨티나의 한 IT 플랫폼 개발자는 정치에 관해 이런 말을 했다.

"21세기에 사는 우리는 19세기에 만들어진 정치제도와 부딪히며 살아가고 있다." [피아 만치니]

지금까지 우리는 대표자를 선출하고 그들에게 권한을 위임하는 대의민주주의를 최선의 정치 시스템이라 여겨왔다. 때로는 정치를 정치인만의 영역이라 생각하며 내 일상과 분리시키려 했다. 하지만 이제 청년이 주체가 되어 변화를 이끌어내고, 정치의 위기를 바로잡는 힘이 주권자인 국민에게 있다는 사실을 청년 스스로가 보여 줘야 한다.

4) 대통령의 권한

OECD 국가들의 사회정의 지수를 살펴보면 1위 아이슬란드, 2위 노르웨이, 3위 덴마크다.

우리나라는 평균에서도 한참 아래인 25위를 차지한다.

본질이 과도하게 집중된 권력 구조, 다시 말해 잘못된 정치가 문제라고 생각한다. 이는 우리 정치가 단 한 명의 권력자, 대통령에게 지나치게 많은 권한을 부여하고 있는 것과도 무관하지 않다. 우리는 어릴 때부터 교과서를 통해 국가를 다스리는 힘이 입법, 사법, 행정의 삼권분립이 잘 지켜지는 나라라고 배워왔다. 과연 현실에서도 그럴까?

분명 우리 헌법에는 권력의 독점을 막기 위해 삼권분립의 원칙을 명시하고 있다. 하지만 헌법 조항을 뛰어넘어 잘못 운용될 수 있는 대통령의 권한 바로 임면권任免權:임명하고, 해임할 수 있는 권한 이다. 대통령이 공식적으로 인사권을 행사할 수 있는 사람은 무려 7천명이 넘는다.

행정부 고위직은 물론이고 헌법재판소, 검찰 조직, 국책은행, 언론기관 등 수많은 기관에 대통령이 추천하는 인사를 주요 보직에 임명할 수 있다. 바로 이 수직적인 인사 구조를 통해 대통령이 국가 전체에 제왕적 권력을 행사할 수 있다.

이러다 보니 독립적으로 운영돼야 할 많은 공적기관이 대통령의 눈치를 보거나 사실상 명령을 받들어야 하는 하위기관으로 전락하게 되는 것이다. 법치주의가 지켜져야 할 21세기에 조선시대에서도 찾아볼 수 없었던 1인 지배가 가능하다는 점은 참 아이러니하다.

국가 경제와 안보가 걸린 주요 정책이 각 부처와의 협의 없이 대통령의 단독 결정으로 추진되기도 하는데, 이처럼 견제받지 않는 권력 일방적으로 이뤄진 정책이 많은 갈등을 초래할 수 있다.

과연 단 한 명의 권력자가 정치, 경제, 외교 등 복잡하게 얽힌 국가적 사안을 완벽하게 해결할 수 있을까?

대통령은 국민이 직접 뽑은 임기 5년의 계약직 공무원이다. 5년 임기 동안 대통령이 내린 잘못된 결정이 몇년, 몇십 년 동안 국민의 삶에 막대한 영향을 끼치기도 한다. 하지만 그 결정이 잘못되더라도 이를 책임지는 사람은 아무도 없다.

민주주의 이론의 대가인 미국의 정치학자 로버트 달예일대학교 정치학 교수은 정치를 이렇게 표현했다.

"민주정치는 국민에게 선출된 대표자가 국민에게 책임을 지는 과정이다".

우리는 지금 정치권이 국민에게 그 책임을 다하고 있는지 묻고 싶다.

문재인 대통령 당선 전

사실 과거에 비해서 입법부국회의 역할이 커진 게 분명하다.

하지만 대통령의 견제와 감시에 관련해서는 입법부는 효과적으로 역할을 하고 있는지 국민은 묻고 있다.

대의민주주의의 성숙도는 결국 정당의 성숙도와 비례한다지만, 지금 정당은 대통령 선거 캠프 역할을 하고 있으며, 대통령 만들기를 위한 하부조직으로서 역할을 하고 있는 것이다.

국회의원을 독자적인 헌법기관이라고 이야기를 하지만 사실상 정당의 패거리 문화에 익숙해져 있다. 자신의 정체성과 독자적인 의정활동보다는 정당에서 배출한 대통령을 호위하고 무조건 감싸는 것으로 착각하는 잘못된 정치 문화가 근본적인 요인이라고 생각한다.

대통령의 독선을 견제해야 할 입법부를 사실상 무력화시키는 것이 공천이다. 대통령은 집권 여당의 수장으로 국회의원 공천권을 좌지우지한다. 공천권을 악용해 정치적 반대 세력을 배제하거나 대통령에게 협조적이고 순응하는 사람을 공천해서 반론을 제기하지 않는 정당으로 만드는 것이 오늘날 정당의 현실이다.

많은 국회의원이 국민의 선택보다 당 지도부의 수장 대통령의 선택을 받는 것을 더 중요하게 여기고 있다. 국민의 대표인 국회가 대통령이 권력을 남용해도 책임을 묻지 못한다는 것은 정치의 가장 기본적인 룰조차 지켜지지 않은 것이다.

5) 지역주의와 정치

동쪽은 국민의힘, 서쪽은 민주당이 압도적으로 많은 의석을 장악하고 있다. 지금처럼 지역주의가 고착된 정치 환경 속에서 국민이 고를 수 있는 선택지는 사실상 정해져 있다. 이 말은 곧 정당이 어떤 잘못을 하더라도 각 지역 유권자들에게 다른 선택의 여지가 없다는 것이다.

국민의 마음을 붙잡기 위해 노력하고 그 책임을 다할 필요성을 심각하게 느끼지 않는 것이다.

정치권의 책임을 묻고 정치 혁신을 요구하는 목소리가 일 때마다 거대 두 정당은 매우 손쉬운 방법을 택해왔다. 양당은 문제가 생길때 마다 신당 창당과 분당 통합과 해산을 반복해왔다. 그런데 자세히 들여다보면 놀라운 사실을 알 수 있다.

바로 두 정당의 큰 줄기는 변함이 없었다는 것이다. 문제가 생길 때마다 겉만 다르게 포장했을 뿐 본질은 해결되지 않았다. 당명을 바꾸고 당 색깔을 바꿔서 대통령과 정당을 분리시키는 방법을 통하여 겉모양만 바꿀 뿐 아무도 책임을 지지 않았다.

그동안 우리 정치는 독과점적인 지위를 누려왔다. 어떤 잘못을 해도 결국은 자신을 선택할 수밖에 없을 거라는 거대 정당들의 오만함이 주권자인 국민을 정치 영역에서 배제시켰다.

이제 독과점 정치 구조를 시민과 함께하는 생태계로 바꿔놓아야 할 때다. 어떻게 하면 정치의 진입 장벽을 낮출 수 있을까? 지금의 권위적인 국정 운영 방식에서 벗어나 투명하고 공개적으로 민의를 담아내려는 노력이 필요하다.

우리의 정당과 정책은 4~5년마다 바뀌는데 다른 선진국들은 20년, 30년이 되어도 유지되어 오고 있다. 이런 정책의 일관성을 유지하는 방법이 어떤 것이 있을까?

6) 선거제도의 개혁

1987년 민주화 체제는 절차적 민주주의 확립이라는 매우 의미 있는 성과를 이뤄냈다. 하지만 이제 사회는 복잡해지고 다변화되었다. 한 단계 더 심화되고 안정된 민주주의의 틀을 만들어 갈 때다.

대통령 중심제의 한계와 너무 많은 권력을 가진 제왕적 대통령제의 권한을 어떻게 해결해야 할 것인가? 개헌이 반드시 필요하다고 생각한다. 다만 급하게 서둘러서는 안 될 것이다. 그동안 꾸준하게 개헌의 필요성에 대해 많은 국민이 관심을 가져왔다.

개헌은 정치권만의 이슈가 아니라 국민 모두의 참여를 통해 개헌의 내용, 시기, 방식 등을 모두 공론화하고 이에 대한 사회적 합의가 필요하다.

개헌뿐만 아니라 우리 정치를 근본적으로 바꾸려는 정치 개혁이 함께 이뤄져야 한다. 그 첫걸음이 선거제도 개혁이다.

지난 총선에서 영남 지역의 국민의힘 정당 득표율은 50%가 채 안 됐다. 하지만 승자 독식의 선거제도 때문에 전체 의석의 무려 74%를 국민의힘이 가져갔다. 실제 얻은 표보다 훨씬 많은 의석을 차지한 것이다. 이는 또한 소수 정당이 의회에 진입하기가 어렵다는 것을 보여주고 있다. 어떤 식으로든 정치의 독과점 구조를 막고 시민들이 자유롭게 정치에 참여할 수 있는 방향으로 제도가 보완되어야 한다.

우리나라의 공직선거법은 조항이 270개가 넘는다. 이 방대한 선거법의 내용을 한마디로 요약하면 가만히 있으라는 것이다.

우리나라의 선거법은 정해진 기간 내에 정해진 사람만이 정해진 방식으로 정치에 참여하도록 규정하고 있다. 이는 주권자인 국민을 구경꾼에 머물도록 하는 조치다.

과연 이런 상황에서 후보자의 철학, 이력, 정책 방향을 면밀히 들여다 볼 수 있을까?

선거 6일 전부터는 정당의 지지도 혹은 여론조사 결과를 공개적으로 발표하는 것을 금지하고 있다. 또 기간에 상관없이 여론조사 내용을 올릴 때에는 조사기간, 방법, 공표일 등을 함께 게시해야 한다. SNS에 글 올리기도 참 까다롭지만 글을 올릴 때조차 이 원칙을 지켜야 한다.

현행 선거법의 근간이 마련된 1950년대만 하더라도 돈 봉투 살포와 부정선거가 끊이지 않았다. 이 때문에 후보자와 유권자의 만남을 최소화하는 지금의 까다로운 선거법 조항이 생겨나게 된 것이다. 하지만 정치인과 유권자를 갈라놓는 제약은 결국 정치에서 시민을 소외시켜왔다.

우리보다 먼저 민주주의와 선거제도를 시작한 미국이나 유럽에서 그 해법을 찾아야 한다. 우리가 먹고 자고 숨 쉬듯 정치도 일상에서 자유롭게 이루어져야 한다.

정치가 시민 곁에 다가갈 수 있도록 바꿔나가야 한다.

프랑스의 작가 알베르 까뮈는 60년 전 나치 부역자들이 심판을 받아야 하는 이유에 대해 이렇게 말했다.

"어제의 범죄를 벌하지 않는 것 내일의 범죄에게 용기를 주는 것과 같이 어리석은 짓이다."

02 스웨덴의 혁신정치

1) 혁신의 나라 스웨덴

혁신이란 과거를 기반으로 새로운 세계를 창조하고 열어가는 과정을 말한다. 혁신과 성장을 동시에 이룬 나라 스웨덴을 생각한다.

스칸디나비아 반도의 동쪽에 위치한 스웨덴은 핀란드, 노르웨이, 덴마크와 이웃하고 있다.

스웨덴의 수도이자 관문이 되는 도시 스톡홀름. 남한 면적의 4.5배나 되는 스웨덴에서 총 인구 약 1,000만 명 중 90만 명 정도가 수도 스톡홀름에 살고 있다.

2019년 7월 나는 스톡홀름을 찾아갔다. 최고 섭씨 30도의 한여름에서 호숫가의 바람이 시원함을 느끼게 하였다.

프랑스 파리를 거쳐 덴마크 코펜하겐에서 하루 밤을 보내고 다음 날 차량을 렌트하여 외레순 다리를 지나 스웨덴의 말뫼로 향했다. 말뫼는 스웨덴 서남부 스코네주의 수도이며 스톡홀름과 예테보리 다음으로 스웨덴의 제3도시이자 조선산업의 중심지이다. 말뫼를 지나 310km를 이동하여 스웨덴의 예테보리에 도착했다.

예테보리는 베스트라예탈란드주의 수도이며 상업과 해상교통의 중심지로 우리나라의 부산처럼 스웨덴의 제2의 도시다. 예타강과 예타운하를 통해 아름다운 도시에서 하루를 보내고 다음 날 아침일찍 서둘러 노르웨이 오슬로로 향했다. 5시간 동안 350여km를 운전하여 오후 4시쯤 오슬로에 도착하여 숙소를 정하고 여장을 풀고 오슬로대학교를 방문하고 오슬로 국회의사당을 찾았다.

7월의 오슬로는 밤 11시가 넘어야 어두워지기 시작한다. 참으로 적응하기 힘든 나라였다.

이틀 동안을 노르웨이 오슬로에서는 대중교통을 이용하여 The Norwegian Museum of Cultural History, 오슬로 오페라 하우스, 김대중 대통령이 수상했던 노벨 평화센터, 오슬로 시청 등을 방문하고 오후에 출발하여 340여km를 운전하여 스웨덴의 외레브로에 도착하였다. 오후 9시가 넘어서 도착하였지만 스웨덴의 여름은 대낮같이 밝았다.

하룻밤을 보내고 아침 일찍 출발하여 210km를 달려 드디어 스웨덴 스톡홀름에 도착하였다.

스칸디나비아 반도 동쪽의 오래된 항구 도시. 비좁고 고풍스러운 골목과 중후한 색채의 건물이 즐비한 스톡홀름은 강렬한 인상을 가진 도시였다. 바이킹 시대에는 유럽과 아랍을 잇는 무역 거점이었고 세계적인 팝 그룹 아바ABBA와 다이너마이트를 발명한 알프레드 노벨Alfred Nobel,1833~1896의 고향이기도 하다.

2019년 7월 나는 스웨덴에서 그들의 생활을 보면서 국가의 성장과 국민의 행복을 어떻게 동시에 이룰 수 있었는지 궁금해졌다. '요람에서 무덤까지' 라는 복지 정책을 바탕으로 스스로의 삶을 개척하는 물의 도시 스웨덴 스톡홀름은 발트해와 마라엔 호수가 만나는 곳에 14개의 섬으로 이루어져 있다. 물 위에 세워진 도시 스톡홀름은 '북부의 베네치아' 로 불릴 만큼 세계에서 아름다운 수도 중 하나로 꼽힌다.

내가 찾아간 첫 방문지는 스톡홀름의 구시가지 감라스탄이었다. 13세기 중반 나즈막한 언덕 위에 요세가 세워지고 성벽 안에 사람들이 모여 살면서 형성된 마을, 대부분 16세기에서 18세기 사이에 지어진 건물들 사이로 아스팔트 길이 아닌 돌길로 된 좁은 골목들을 지나면서 고풍스런 분위기를 배경 삼아 무작정 걷고 싶어지는 곳이었다.

카페들이 몰려 있는 대광장은 1520년 덴마크의 크리스티안 2세의 침입에 굴복한 90명의 귀족들이 단두대에서 처형당한 끔찍한 역사가 일어났던 장소이기도 하다.

대광장에서 가장 눈에 띄는 건물은 스톡홀름의 상징이기도 한 노벨 박물관이었다. 2001년 노벨상 재정 100주년을 기념해 새롭게 만든 박물관 안에는 노벨상의 역사와 역대 수상자를 연대별로 소개하고 있었다.

다이너마이트를 발명한 노벨은 그가 사망하기전 인류 복지에 공헌한 사람들에게 나누어주도록 그의 유산을 기부하기로 했다. 그가 남긴 유산을 기금으로 하여 노벨 재단이 설립됐고 1901년부터 물리학, 화학, 생리의학, 문학, 평화, 경제학의 6개 부문에 걸쳐 매년 영예의 노벨상 수상자를 선정한다. 노벨의 유언에 따라 이 중 다른 상은 스웨덴 스톡홀름에서 수상하는 반면 노벨 평화상만은 노르웨이 오슬로에서 수여한다.

2000년 12월 한국 최초이자 유일하게 김대중 전대통령이 오슬로에서

노벨 박물관에 있는 김대중 대통령 사진

노벨평화상을 수상하였다.

감라스탄 북쪽을 향해 걷다 보니 왕궁이 나타났다.

이탈리아 바로크 스타일과 프랑스 로코코 양식을 바탕으로 1754년 완성됐다는 왕궁. 장장 60년이라는 세월 동안 공들여 지어진 왕궁은 일반인에게도 내부를 공개하고 있었다.

마라렌 호숫가에 자리 잡은 스톡홀름 시청은 세계에서 가장 아름다운 시청 건물로 손꼽힌다. 일반인에게도 입장이 가능하여 나도 안내를 받으며 시청사를 방문하였다. 중세 이탈리아 광장을 연상시키는 디자인으로 장식된 블루홀은 매년 12월 10일에 열리는 노벨상 수상 축하 만찬장으로 사용된다고 한다.

1912년 건축을 시작해 11년이 걸려서야 완성됐다는 시청사 건물에서 건축가 라그나르 오스트베리가 가장 심혈을 기울인 곳은 계단이었다고 한다. 드레스를 입고 만찬회에 참석한 여성들이 쉽게 계단을 오르내리게 하기 위해 실제로 그의 부인이 드레스를 입고 며칠 동안 계단을 오르내렸다고 한다.

2층에는 바이킹 르네상스 양식으로 만들어진 시의회 회의실이 있다. 스웨덴의 시의회는 단원제 의회로 101명의 의원 모두가 3년마다 비례대표제로 선출된다.

현재 의석수의 남녀 비율이 절반 정도라고 하니 스웨덴의 여성 정치 참여율이 매우 높다는 것을 느낄 수 있었다. 시청사에 있는 황금의방은 노벨상 수상자들의 파티장이기도 하다. 이곳은 1,800만 개의 금박 모자이크로 장식돼 있어 화려한 벽면에는 스웨덴의 역사와 유명한 과학자들의 모습이 새겨져 있었다.

2) 스웨덴의 복지

오늘날 스웨덴은 세계적으로 다섯 손가락 안에 드는 부국이자 복지 국가의 모범국이다. 2019년도 176개국 대상 국가청렴도 세계 4위. 한국은 6계단 상승하여 2019년 39위.

스웨덴에 부패가 없는 것은 정직한 정치와 정책의 투명성 때문이다. 그것은 곧 국민을 섬기는 신뢰에서 나온다. 몇몇 부자만 잘 사는 나라가 아닌 국민 모두가 잘 사는 나라다.

복지 국가의 대명사 스웨덴은 복지에 많은 돈을 지출할 만큼 국민의 삶에 대한 만족도 또한 매우 높은 편이다. 요람에서 무덤까지 '국가가 국민을 책임지는 국민의 집' 이라는 복지 이념은 스웨덴의 국가 이념이기도 하다. 완전한 고용이 곧 복지다. 스웨덴 복지정책의 단단한 기반은 일자리 제공에서 시작되며 완전고용과 평등이라는 목표 아래 고용정책이 이 뤄지고 있다.

'모든 아이는 우리 모두의 아이'라는 개념 안에서 보육 서비스를 제공하고 이런 보육 정책은 여성의 적극적인 경제 활동으로 이어져 저출산 위기도 극복할 수 있었다.

스웨덴은 유치원부터 대학원까지 모든 교육비가 무료이며, 고등학생과 대학생에게도 매월 일정액의 학업 보조금이 지급되고 모든 국민에게 평생 교육의 기회를 지원하고 있다. 스웨덴은 세계 3위의 초고령 사회지만 정부와 지자체가 책임지고 노인들에게 맞춤형 복지를 제공하고 있다. 당연히 은퇴 후 노년 삶에 대한 만족도가 높을 수밖에 없다. 복지는 곧 스웨덴의 국가 경쟁력인 것이다.

3) 스웨덴의 기업

스웨덴의 모든 기업은 고용된 노동자의 임금의 31%에 달하는 고용주세를 낸다.이 고용주세가 노동자의 소득세와 함께 사회복지 재원의 축을 이루고 있다. 기업 입장에서 법인세 외에 고용주세를 별도로 내게 되면 큰 부담이 될 수 있다.

그러나 그 고용주세가 사회복지를 떠받드는 일부분이기에 노동자는 큰 걱정 없이 일할 수 있고, 기업 입장에서는 경쟁력을 가질수 있으며 그것은 기업의 생산성 향상을 가져온다.

복지를 만드는 가장 좋은 방법은 일자리를 만드는 것이다.

보다 많은 사람들이 일을 하게 되면 많은 세금을 납부할 수 있고 그돈으로 복지 시스템을 유지할 수 있기 때문이다. 그러므로 기업은 경쟁력을 갖고 성장해서 많은 사람이 일을 할 수 있게 되고 회사와 국가 경쟁력은 좋아질 수 있다.

스웨덴은 노사 충돌이 적은 나라다. 사람을 중시하는 기업 풍토 덕분에 노동자들 역시 기업의 경쟁력이 자신의 일자리를 보장해준다는 것을 잘 알고 있다. 국가로부터 기본적인 복지혜택을 받고 있는 노동자들은 임금 인상의 요구가 적기 때문에 기업은 기술개발과 인재 양성에 더 많은 혁신적인 투자를 할 수가 있다. 기업은 저임금으로 경쟁하기 보다는 혁신을 통해 가치를 높여야 한다는 것을 알고 있다.

스웨덴의 모든 노동자는 법적으로 1년에 5주 유급 휴가를 사용할수 있으며, 아이가 태어나면 부모에게는 총 480일의 육아 휴가가 주어진다. 육아휴가 기간 중에는 85%의 월급을 정부로부터 받는다.

아이에게는 매월 7만 원 정도 아동수당이 지급되고 의료비와 교육비도

무상이다. 대부분의 노동자가 불안 없이 살아갈 수 있는 이유다. 직장을 잃고 실직이 되어도, 기업의 위기로 노동자가 해고되어도 해고 결정을 받아들이기 쉽다.

실직수당은 170만 원 정도가 지급되며 아이 앞으로 아동수당 60만 원이 지급되므로 실직 후에도 중산층으로 살던 노동자의 삶은 무너지지 않는다. 그리고 머지않아 다시 일하게 될 거라는 믿음, 스웨덴 노동자들은 목숨을 건 파업을 하지 않는 이유다.

많은 국가가 복지 혜택을 받는 국민이 그저 해택을 누리기만 하는 것으로 치부될 수도 있다. 반면 실직을 해도 안정적인 삶을 누릴 수 있다면 그 복지 시스템에 기대어 일을 하지 않으려는 사람도 있을 것이다.

그럼 스웨덴은 실직한 노동자가 일할 수 있도록 동기 부여를 어떻게

하고 있는가?

복지는 가만히 앉아서 놀고 먹는 사람들을 위한 것이 아니라고 한다. 스스로 걸어서 다리를 건너려고 하는 사람들에게는 인센티브를 준다. 그러므로 사회복지의 혜택은 그냥 얻어지는것이 아니라 일을 해야만 받을 수 있도록 재도화되어 있다.

스웨덴은 모든 국민을 대상으로 하는 보편적 복지 시스템을 갖추고 있다. 안정적이고 믿을 만한 보편적 복지를 통해 국민들은 실패해도 용기 내어 도전할 수 있는 인센티브 시스템을 제공하고 있다. 그로 인해 모든 국민은 그 혜택을 누릴 수 있으며 성장을 촉진하고 성공의지를 장려하므로 국민에게 긍정적 반응을 이끌어내고 있다.

4) 타게 에를란데르 Tage Erlander

스웨덴 복지의 선구자는 타게 에를란데르 Tage Erlander 1901.6.13.~1986.6.21 전 총리다. 그는 1946~69년까지 23년간 스웨덴 총리로 재임하면서 스웨덴 복지의 기틀을 마련했다. 그가 재임하는 동안 국민의 소득 증대와 복지 향상을 위해 많은 일을 했다.

1946년 45세의 젊은 나이에 총리가 된 그는 복지가 성장을 촉진시킬 수 있다는 신념을 갖고 있었다. 전 국민 의료보험과 연금, 무상교육, 은퇴 연금, 아동수당, 4주 유급휴가제도 실시 등은 모두 에를란데르 총리 때 시작되었다.

'국가는 국민이 편안히 쉴 수 있는 집이 되어야 한다'는 믿음으로 그는 '국민의 집'이라 불리는 복지제도를 만들어나갔다. 그 과정에서 매주 기업인과 노동자를 만나 합의를 이끌어냈고 세금을 높일 때는 국민을 직접 설득했다. 그리하여 그가 총리로 재임하는 동안 파업은 사라지고, 경제는 성장하고, 성장의 과실을 모든 국민이 골고루 누리는 '국민의 집'을 완성하게 된다. 그가 스웨덴을 전 세계에서 세금을 가장 많이 내는 나라로 만드는 과정에서 전 국민을 대상으로 수십 년의 설득을 거쳤다는 사실도 인상 깊었다.

그는 오늘날까지도 스웨덴 국민에게 가장 존경받는 정치인으로 꼽힌다. 23년간이라는 긴 시간 동안 총리직에 있으면서 집 한 채도 소유하지 않았을 만큼 정직한 정치인이었다. 훗날 그 사실이 알려지자 스웨덴 정부는 그를 위해 스톡홀름 외곽에 별장을 하나 마련해주기도 했다.

청렴하면서도 혁신적인 정치를 추구했던 그의 리더십은 오늘날 스웨덴 정치의 훌륭한 유산으로 자리 잡고 있다. 우리나라에도 타게 에를란데르와 같은 지도자가 나온다면, 20년 뒤 대한민국은 스웨덴 못지않은 복지 국가가 되어 모든 사람이 골고루 잘 사는 국가가 될 수 있다고 생각한다.

5) 스웨덴의 혁신지수

스웨덴은 2010년부터 10년 연속 혁신지수 세계 2~4위를 차지하고 있다. 세계경제에서 새로운 모습으로 변화하는 이유는 기존의 산업과 직업의 탈바꿈이다.

미국은 복지를 소비라고 생각하며, 가난한 사람들을 위한 지급수단으로 정의하는 반면, 스웨덴에서는 복지를 투자로 생각한다.

우리는 복지정책을 학대하면 성장과 경쟁력을 저해할 거라는 다소 회의적인 생각을 갖고 있다. 복지와 성장은 모순되지 않는다.

스웨덴은 복지가 삶의 질을 향상시킬 수 있고 국민이 경쟁력을 갖출수 있다고 여긴다. 그러기 위해서는 생산적인 시스템으로 국가를 혁신 해야 한다. 스웨덴에서 복지는 국민을 교육시켜서 더 생산적으로 만든다는 의미이며 따라서 국민은 노동시장에 더욱 빨리 적응할 수 있다.

정부는 국민이 변화에 적응하는 능력을 높여야 하며 고용시장의 변화에 맞춰 국민이 새로운 기술을 배울 수 있는 시스템 만들어 내야 한다.

스웨덴은 일하는 국민에게서 출발한다. 따라서 일을 더 잘할 수 있는 인재를 길러내는 교육은 중요한 투자인 것이다. 혁신적 기업은 스웨덴이 성장과 복지를 동시에 이룰 수 있는 원천이 되고 있다.

성공을 거두는 경쟁력 있는 회사가 없다면 사회복지는 유지될 수 없다. 어떻게 하면 경쟁력 있는 회사를 만들까 고민해야한다. 경쟁력 있는 회사가 있어야만 성장이 가능하고, 성장은 많은 일자리를 창출한다. 일하는 사람이 많아질수록 세금을 더 많이 거둘 수 있다.

새로운 직업을 창출해야하고 이는 교육시스템과 혁신을 통해 가능하며, 수준 높은 복지를 유지하기 위해서는 경제를 항상 새롭게 발전시켜야 한다.

6) 스웨덴의 지방자치

지방자치의 오랜 경험을 가진 유럽은 각 나라의 여건과 정치문화에 맞춰 주민 직선제를 포함하여 의회의원을 선출하거나 혹은 임명제를 통한 다양한 단체장 선임제도를 채택하고 있다.

주민자치 역사가 30년 된 우리는 현재 지방의회 운영은 자리를 잡아가고 있지만, 지방자치가 성숙된 유럽은 우리보다 앞서 대부분 충분한 지방의회 경험을 갖고 선거제도를 운영하고 있다.

스웨덴의 지방자치에는 단체장 선거가 없다. 도지사가 유일한 자치단체장인 스웨덴에서는 전국 24개 도지사를 정부가 임명하며 시장이나 군수 등의 직책은 아예 없다.

스웨덴 지방자치제도의 기원은 유럽 대부분의 나라처럼 중세부터 시작되었다. 물론 당시에는 가톨릭 교구가 자치 단위가 되어 출생·사망신고 등 기초적인 업무를 맡아왔다. 그러다가 1862년 지방정부법을 제정해서 교구가 맡아왔던 지방업무를 시 단위로 이양함으로써 현대적 의미의 지방자치가 정착되었다.

이때부터 선거에 의해 선출되는 지방의회와 행정집행을 맡는 지방 행정당국과의 업무 한계가 설정되어 오늘에 이르고 있다. 업무 한계는 국회, 도의회, 시의회가 정책을 결정하고, 중앙정부, 도정부, 시정부가 정책을 집행하는 것이었다.

정책의 결정은 정치적 판단에 맡기고 집행은 행정의 일관성 및 효율성을 위해 행정 전문가에게 일임하는 방식을 택한 것이다.

스톡홀름의 경우 시의원1백1명이 정책을 결정하면, 재정국·건설국·주택교통국·문화국·산업국·사회국·문교국 등 7개 실무 행정 담당

국공무원 5백명, 공공부문 종사자 5천5백명이 일을 분담하여 집행하는 것이다.

스웨덴의 자치단체는 의결기관지방의회과 집행기관행정당국간에 상호협의 하에 운영하는 구조로 되어 있다. 전국 284개 시의회에 의장은 있으나 행정을 총괄하는 '시장' 이란 직책은 없는 것이다. 각 실무행정국장이 소관분야 업무만을 대표하게 된다.

유일한 단체장으로 도지사가 있으나 상호협의 운영에 따라 도지사도 실권보다는 의전적, 상징적 성격이 강하다. 도지사는 임기도 따로 없이 정당의 당대표나 장관 등을 역임한 원로급 인사 중에서 임명하는 것이 관례다.

업무 분담은 중앙정부가 경제 · 외교 · 국방 · 사법 · 고용 · 환경 · 사회복지 등을 담당하고 도정부는 주로 건강과 의료 업무를 담당한다.

시정부는 의무교육 · 수도 공급 · 청소 · 문화 활동 · 주택 등 각기 자치단위의 성격에 맞도록 분야를 꾸려나간다.

스웨덴 자치제도 중에서 가장 두드러지는 특징은 도의회 및 시의회가 국회나 중앙정부의 간섭없이 지방세율의 결정권을 갖고 독자적 입법 및 행정을 한다는 것이다. 시의회, 도의회의 이같은 재량권은 말 그대로 그 지역의 일을 그 지역사람들이 해결해나갈 수 있게 하는 자치제도의 핵심이라 할 수 있다.

지역 사람들이 모여 자기들이 내야 할 세금을 정하고 그 돈을 어디에 쓸지를 자기들이 협의해서 결정하는 것이다. 지방의 주민들이 모여 살기 좋은 동네를 만드는 데는 중앙정치의 정략이나 영향력 등 이해득실을 따질 필요가 없다는 것이다.

지방자치가 왜 필요하고 지방자치를 어떻게 해야 하는가를 단적으로 설명해주는 대목이다. 따라서 주민을 대신해서 이같은 중요한 일을 처리해줄 수 있는 대표인 시, 도의원을 선출하는 일이 무엇보다 중요하다.

스웨덴은 3년마다 선거를 실시한다. 국회의원, 도의원, 시의원을 동시 선거로 뽑는다. 선거방식은 의원 개인을 선출하는 것이 아니라 정당에 투표를 한다. 따라서 선거운동은 각 정당의 당대표들이 전국을 돌며 공개 강연과 TV출연, 신문 인터뷰 등을 통해 자기 당의 정책 내용과 현안 및 쟁점에 대한 소견을 피력한다.

유권자들은 각 당 당대표들의 선거유세 내용을 비교, 어느 당의 정책 방향이 옳고 현실적인지를 판단하여 정당을 보고 정당에게 투표를 하게 된다. 그러므로 무소속은 존재할 수 없다. 개인이 아무리 똑똑해도 정책은 개인이 하는 것이 아니라 당원들의 정책을 모아 당에서 결정하는 것이기 때문이다.

따라서 선거 벽보에는 당대표의 사진이나 당의 정강정책 내용만이 게재된다.

각 정당은 각 당이 내세운 후보명단을 투표 수 일 전 각 가정으로 배송된다. 그러나 이 후보 명단은 투표에는 큰 영향을 주지 못한다. 유권자들은 개인의 인물이나 능력이 아닌 당의 정책을 보고 투표하기 때문이다.

현직 국회의원 도의원 시의원 중 70%가 의원직 외에 본업을 갖고 있다. 의원직은 일종의 명예직이나 봉사직으로 활동하고 있기 때문이다. 이에 따라 선거운동도 과열될 필요가 없고 선거운동원도 대부분 자원봉사자로 봉사 차원에서 여가시간을 이용, 차분하게 선거 운동을 펼치고 있다.

스웨덴의 지방자치는 오늘 우리가 당면한 지방자치 문제와는 그 발상

지역구 박주민 국회의원과 함께

부터 제도까지 두 나라 간의 지리적 거리만큼이나 서로 다른 모습이다. 두 나라간 역사 · 정치 · 문화 국민의식 등의 차이에서 오는 간격은 어쩔 수 없는 일인 것이다.

스웨덴의 지방자치를 둘러보고 받게 되는 가장 큰 느낌은 '과연 우리가 지방자치의 본뜻을 제대로 인식하고 있는가' 하는 의문 이었다.

'도지사를 왜 국민이 직접 뽑지 않고 정부가 임명하느냐' 라는 나의 질문에 대한 스웨덴 사람들의 답변은 이러했다.

"국민이 직접선거로 국회의원을 선출하고 다수당이 정부를 구성해서 도지사를 임명하는 것은 국민의 의사를 대변하는 것이 아닌가요?"

특히 도지사는 지방자치단체이기는 하지만 중앙 정부기관적 성격이 강하기 때문에 정부가 도지사를 임명하는 것이 문제가 될 수 없다고 말한다.

행정인은 행정기술은 있어도 선거기술은 없으며, 따라서 정치인은 선거에서 선출될 능력은 탁월하나 행정능력이 없으므로 행정은 행정인이 하는 것이 맞다고 말한다.

이와 같은 기본적인 일의 성격을 감안할 때 정치인에게 행정직까지 맡기면 주민들의 생활과 직결되어 있는 지역사회의 경영에 문제가 있을 것이라고 말한다.

[출처] 대한민국 정책브리핑 (www.korea.kr)

불과 100년 전만 하더라도 가난한 농업국에 불과했던 스웨덴. 하지만 끊임없는 혁신을 추구하며 이 나라는 세계 최고의 복지국가로 탈바꿈했다. 미래에 대해 막연한 기대나 환상을 꿈꾸는 대신 팔을 걷어붙이고 머리를 맞대고 더 창의적으로 도전하고 있다.

늘 무언가를 창조하고 발전시켜 나가는 자유로운 사고를 가진 사람들이 사는 곳. 내가 스웨덴을 방문했을 때도 사람들은 끊임없이 혁신하는 중이었다. 혁신이 계속되는 스웨덴에서 보통 사람들의 삶은 행복해보였다.

세월호 진상규명 집회 현장

03 4차 산업혁명이 미래다

1) 4차 산업혁명

한국은 1970년대를 거쳐 2000년대 까지 다른 나라에서 이미 성공한 기술이나 제품을 모방하는 빠른 추격자 전략을 펼쳐왔다. 이제 대한민국은 패러다임 변환과 함께 그 한계를 넘어야 한다. 지금까지와는 완전히 다른 새로운 시각으로 4차 산업혁명을 바라봐야한다. 불확실한 미래를 희망으로 바꿀 위기의 돌파구는 무엇일까?

4차 산업혁명은 쓰나미처럼 우리의 산업과 경제, 삶의 패러다임을 완전히 바꿔버릴 것이라고 말한다. 그리고 한번 시작된 쓰나미는 피할 수 없으며 다시는 그 이전으로 돌아갈 수 없을 것이라고 한다.

4차 산업혁명은 우리가 누구인지 무엇을 하는지, 뿐만 아니라 인간의 본질과 정체성을 변화시키는 혁명이며, 무한한 가능성을 갖고 있다. 산업 판도의 흐름을 바꾸어 모든 산업에 영향을 미칠 것이다.

4차 산업혁명은 독일 제조업체들의 '인더스트리4.0Industry 4.0'에서 출발한다. 1차 산업혁명은 18세기 증기기관의 발명에서 비롯되었다.내연기관의 개발로 인류는 수공업 시대에서 본격적인 기계화 시대를 맞게 된다. 2차 산업혁명은 20세기 초 전기의 힘을 이용하여 자동화에 따른 대량생산을 촉발했다. 2차 산업혁명이 일어나고서야 비로소 산업화라는 변혁이 일어난 것이다.

ICT와 산업의 결합에 따른 3차 산업혁명은 20세기 말 무렵에 디지털 시대의 시작이라 부르며 컴퓨터를 통한 자동화로 사물인터넷IoT이 모든 영역으로 확산되었다. 컴퓨터와 인터넷 기반의 지식정보 혁명, 이후로 산업뿐 아니라 다른 분야에도 유행처럼 4.0 바람이 불고 지금 우리는 4차 산업혁명의 한가운데에 있다. 데이터가 힘을 갖고 변화를 예측할 수 있는 새로운 기술혁명 패러다임의 대변혁이 시작된 것이다.

이것은 단순한 기술의 진보라기보다는 정치적, 사회적 변혁이자 인류의 도전이다.

그렇다고 마르크스가 바랐던 '자유로운 개인들의 연합체' 속에서 적당히 일하고 즐기는 '평론가의 삶' 이 가능할지는 모르겠지만 말이다.

4차 산업혁명 시대에 대해 디터 제체 전 벤츠 회장은 이렇게 말했다.

"자동차는 기름이 아니고 소프트웨어로 달린다."

자율주행차는 대표적인 산물이다. 자동차 스스로 이동하고 운전자의 취향을 파악하여 음악, 뉴스, 개인별 맞춤 서비스를 제공하는 것이다. 자동차는 단순히 이동을 도와주는 기계가 이니라 이제 현실과 가상을 연결하는 새로운 생활공간으로 진화하게 될 것이다.

4차 산업혁명은 데이터를 중심으로 산업을 재편시키고 있는데 그 속도와 범위가 과거 산업혁명 시대하고는 비교할 수 없을 정도로 빠르게 변화 될 것이다. 4차 산업혁명은 3차 산업혁명과 무엇이 다른가.

첫 번째 빠른 속도다.

1차 산업혁명은 수백 년이 지나서야 완전한 영향력을 발휘했지만 지금은 모든 것이 빠르게 전환되고 있다.

2004년 직원 8명으로 시작한 페이스북은 오늘날 5만 명의 직원을 거느린 기업으로 성장하였으며 전 세계를 하나로 연결하는 소셜 미디어 시대를 열었다.

두 번째 차이점은 개별 기술 발전이 아니라 포괄적 변화라는 점이다. 한 가지 변화가 아니라 포괄적인 변화가 전개되고 있다.

한 가지 제품, 하나의 혁신이 아닌 모든 것이 함께 변화하고 있다.

로봇, 자율주행차, 인공지능, 수많은 분야에서 기술혁신이 일어나고 있다. 흥미로운 점은 개별 기술이 융합하면서 서로를 더욱 강력하게 만든다는 것이다.

로봇과 빅데이터 기술이 합쳐지고, 로봇과 인공지능이 결합하면서 산업 전 영역에서 혁신이 확산되고 있다.

세 번째는 혁신의 범위가 제품이 아니라 시스템적으로 일어나고 있다.

공유 서비스는 새로운 재품을 만들지 않지만 생활하고 소통하는 기존 방식을 새로운 시스템으로 변화시키고 있다.

2) 달라지고 있는 중국

미국, 일본은 물론 중국까지도 국가 차원에서 빠른 속도로 변화하고 있다. 지난 해 대비 200%로 규모가 커진 드론 전시관은 중국의 신생기업이 사람이 탈 수 있는 드론을 공개했다.

설립된 지 2년 만에 미국에서 항공택시로 시범운항중인 유엔 드론은 중국 기술력의 현재 수준을 보여주고 있다.

세계 산업용 드론의 70% 이상을 중국 기업이 장악하고 있다. 중국 경제는 최근 10년 사이 급격한 성장세를 보인다. 중국은 이른바 제조2025 1차 10개년 계획 국가차원에서 제조2035, 제조2045가 뒤따를 것이며, 4차 산업혁명 사업구조화 전략을 추진하고 있다.

거세지는 차이나 파워.

중국의 전기차 기업 BYD는 불과 10여 년 만에 미국 테슬라를 제치고 세계 1위의 기업으로 진입했다. 중국의 가전업체 메이디는 세계 4대 로봇 기업 중 하나인 독일의 4차 산업혁명 핵심기업 쿠카의 지분94%를 인수하면서 최대주주로 올라섰다.

중국은 로봇산업뿐만 아니라 인공지능, 빅데이터 등 주요 첨단산업에서 한국을 훨씬 앞서가고 있다. 이제 중국은 '메이드 인 차이나'에서 '크리에이티브 차이나'로 대전환을 시도하고 있다.

그러면 한국은 4차 산업혁명을 얼마나 잘 준비하고 있을까?

한국은 130개 국가 중 4차 산업혁명 준비지수가 25위에 해당된다. 문제는 기술력이 아니라 정부의 높은 규제의 장벽, 노동사회의 유연성 부족이다. 4차 산업혁명 시대를 주도하기 위해서 대한민국은 무엇을 어떻게 바꿔나가야 하는가? 그리고 어떻게 대비해야 할 것인가?

지금까지의 한국의 제조업은 더 저렴하고 튼튼한 제품을 만드는 것으로 승부를 걸었다. 좋은 원료와 기술력, 값싼 노동력으로 세계시장에서 경쟁력을 가질 수 있었다. 그러나 다른 나라들은 우리와 다른 전략을 세우기 시작했다.

제조업에 정보통신기술을 결합하고 하드웨어에서 소프트웨어 기술을 결합하여 새로운 가치를 만들기 시작했다. 산업기반 전체를 소프트웨어와 결합하려는 대담한 시도를 진행하고 있다.

3) 우리의 나갈 방향

4차 산업혁명은 정체성까지 바꾸어놓는 혁명이다. 과거에는 새로운 변화에 적응할 수 있는 시간 여유가 있었지만 변화의 속도가 이처럼 빠르고 그 범위 또한 지금과 같이 거대한 규모로 이루어진다면 당연히 위협적일 수밖에 없다.

기술 혁신의 가속화로 많은 일자리가 빠르게 사라질 것이다. 이를 위해서는 노동시장은 유연하게 바뀌어야 한다. 4차 산업혁명을 향한 대부분

의 사람들은 변화를 두려워 한다. 하지만 4차 산업혁명은 우리에게 무궁무진한 기회를 가져다줄 것이다.

궁극적으로 국가의 경쟁력이 강화되고 개인에게도 보다 나은 삶, 수명이 연장되고 풍요롭고 건강한 미래를 누릴 수 있게 해줄 것이다. 미래에는 우리 경제가 더욱 효율적이고 환경 친화적으로 바뀌게 될 것이다.

4차 산업혁명은 더이상 먼 미래가 아닌 우리가 직면한 현재의 문제이며, 새로운 패러다임의 대전환기에서 우리가 미래를 선도할 것인지, 아

니면 이대로 주저앉을 것인지 결국 우리의 선택에 달려 있다.

이 혁명은 사라지지 않는다. 이 흐름을 피할 수 없다면 열린 자세로 포용해야만 한다. 미래는 변화를 거부하는 사람들과 포용하는 사람들로 나뉠 것이다. 4차 산업혁명을 받아들이지 않으면 승자가 아닌 패자로 전락하게 될 것이다

'러다이트 운동'을 알고 있는가? 2차 산업혁명 당시 수공업자들이 일자리를 잃으면서 증기기관을 파괴했다. 이를 부수면 산업혁명의 흐름을 멈추게 할 수 있다고 생각한 것이다. 하지만 산업혁명의 흐름을 막지는 못했다. 한번 시작된 혁명의 흐름은 바꿀 수가 없었다. 4차 산업혁명은 정치적인 외침이 아닌 눈앞에 닥친 현실. 단순히 듣기 좋은 홍보 문구가 아니라 이미 우리 모두에게 영향을 미치는 현실이 되었다.

4차 산업혁명은 우리에게 분명 기회가 될 것이다.

1차, 2차, 3차 산업혁명은 우리에게 참 불리했다. 우리에게는 자원이 없었고 기술도 없었다. 그래도 우리는 결코 지지 않았다. 배를 만들고 석탄과 철을 싣고 와서 지금처럼 눈부신 성장을 할 수 있었다. 4차 산업혁명은 이전의 산업혁명에서처럼 거대한 원료가 들어가는 산업이 아니다. 4차 산업혁명의 동력은 소프트 파워다. 기존 산업의 상상력을 가미해서

혁신을 하면 되기 때문이다.

우리나라는 무한한 상상력을 품은 사람을 자원으로 가졌다.

다행히 우리는 세계에서 가장 비옥한 IT강국으로 디지털 토양을 가졌으며 이제 좋은 씨앗만 뿌린다면 가장 좋은 과실을 거둘 수 있을 것이다.

04 정치로 오기까지

나는 전북 김제에서 태어나 어린 시절에 서울 수색에서 살았다.

나는 성장한 이후 여러모로 가족의 생계를 꾸리는 한편 풀뿌리 민주 정치의 기반이 되는 지역 활동과 시민운동을 꾸준히 펼쳤다. 지역의 아동위원, 자문위원, 정책기획위원, 심의위원 등으로 활동하면서 지역 사회에 이바지하는 가운데 은평구 주민들의 사정을 속속들이 알아갔다.

대학에 편입하여 사회복지사를 취득하였으며, 무엇보다 사단법인 나눔플러스에서 운영이사로 오래 봉사해온 보람은 특별하다. 재개발로 인하여 낙후한 지역에는 복지로부터 소외된 어르신들이 많다. 나눔플러스는 지역의 유지들과 단체로부터 음식과 물품을 기증받아서 그분들에게 전달하는 음식 배달 봉사조직이다.

이처럼 말단의 풀뿌리 현장에서 살아있는 정치를 체험한 나는 정치에 대한 이론적 틀을 갖추기 위해 국민대 정치대학원에 들어가 본격적으로 정치를 공부한 끝에 지방정치학으로 석사학위를 받았다.

하지만 나는 민간 신분의 활동만으로는 지역을 변화시키기에는 한계를 있음을 절감했다. 그러던 차에 내가 사는 지역의 기초의원을 도와주는 계기로 정치에 발을 들여놓았으니, 그게 2008년의 일이다. 이미 2006년에 입당은 했지만 정치인으로서 정치 활동이라고는 볼 수 없으니, 2008년에 비로소 정치에 입문한 셈이다.

나는 2010년 지방선거에서 은평구의회 기초의원에 출마했다가 낙선의 고배를 마셨다. 절치부심하던 나는 다음 2014년 지방선거에서 당선되어 주민의 심부름꾼으로 나설 수 있게 되었다. 나는 당선 소감으로 "초심을 잃지 않고 한결같은 마음으로 주민들과 대화하며 지역에 무엇이 필요한가를 위해 살피고 돌아보며 정직하고 바른 의정활동을 위해 노력하겠다"고 했다. 그 후로 지금까지 지역 주민들의 다양한 목소리에 귀 기울이며 주민들의 충실한 대변자가 되려고 노력했다.

2018년 8대 지방선거에서 1-나번을 받고 당선되어 다시 한 번 의정활동을 할 수 있는 기회를 얻었다. 전대미문의 코로나로 인하여 지역 활동에 많은 제한도 있었지만 부지런함과 성실함으로 지역의 대변자로서 역할을 다하고자 하였다.

　이제 우리는 '위드 코로나' 시대를 맞아 바이러스와 공존하며 단계적으로 일상을 회복해가는 추세에 있다. 자리는 쟁취하기도 어렵지만 지키기도 어렵다. 여기까지 오는 데는 많은 어려움과 시행착오도 있었다. 근면함과 성실함을 바탕으로 다시 한 번 재도약을 위해 두 팔을 걷어붙이고 새롭게 출발해야겠다.

은평의 미래를 조망하는 통찰과 헌신

시민 행복도시의 미래 청사진 제시

문규주 서울특별시 은평구의회 부의장

"은평구의 새로운 기회가 열리고 있습니다. 은평에서 시작해 남북교류의 문을 여는 교통인프라는 북한을 넘어 대륙까지 연결될 예정입니다. 지속가능한 지역발전을 통해 시민 행복의 기반을 마련하고, 수도권의 새로운 중심으로 도약하는데 모든 힘을 기울이겠습니다." 문규주 은평구의회 부의장은 은평구 도시경쟁력 제고와 사회복지 실천을 통해 수많은 성과와 족적을 남겼다. 문 부의장의 의정철학은 한마디로 '지역민의 심부름꾼'이다. 그래서 그는 "낮은 자세로 지역민에게 다가가기 위해 노력하며, 지역민의 입장에서 어떤 사업과 정책이 도움이 될지 항상 고민한다"고 전했다. 본지는 진심이 담긴 소통과 낮은 리더십으로 각광받는 문 부의장을 만나 은평구의회의 비전과 나아갈 방향을 들어봤다.

당신이 생각한 마음까지도 담아 내겠습니다!!

책은 특별한 사람만이 쓰고 만들어 내는 것이 아닙니다.
원하는 책은 기획에서 원고 작성, 편집은 물론,
표지 디자인까지 전문가의 손길을 거쳐
완벽하게 만들어 드립니다.
마음 가득 책 한 권 만드는 일이 꿈이었다면
그 꿈에 과감히 도전하십시오!

업무에 필요한 성공적인 비즈니스뿐만 아니라 성공적인 사업을 하기 위한
자기계발, 동기부여, 자서전적인 책까지도 함께 기획하여 만들어 드립니다.
함께 길을 만들어 성공적인 삶을 한 걸음 앞당기십시오!

도서출판 모아북스에서는 책 만드는 일에 대한 고민을 해결해 드립니다!

모아북스에서 책을 만들면 아주 좋은 점이란?

1. 전국 서점과 인터넷 서점을 동시에 직거래하기 때문에 책이 출간되자마자 온라인, 오프라인 상에 책이 동시에 배포되며 수십 년 노하우를 지닌 전문적인 영업마케팅 담당자에 의해 판매부수가 늘고 책이 판매되는 만큼의 저자에게 인세를 지급해 드립니다.

2. 책을 만드는 전문 출판사로 한 권의 책을 만들어도 부끄럽지 않게 최선을 다하며 전국 서점에 베스트셀러, 스테디셀러로 꾸준히 자리하는 책이 많은 출판사로 널리 알려져 있으며, 분야별 전문적인 시스템을 갖추고 있기 때문에 원하는 시간에 원하는 책을 한 치의 오차 없이 만들어 드립니다.

기업홍보용 도서, 개인회고록, 자서전, 정치에세이, 경제 · 경영 · 인문 · 건강도서

모아북스 MOABOOKS **문의 0505-627-9784**

의정활동기

초판 1쇄 인쇄 2022년 01월 28일
　　　1쇄 발행 2022년 02월 10일

지은이　　맹진영 · 이용욱 · 윤유현 · 제갑섭 · 문규주
발행인　　이용길
발행처　　**모아북스**
　　　　　　MOABOOKS

관리　　　양성인
디자인　　이룸

출판등록번호　제 10-1857호
등록일자　　1999. 11. 15
등록된 곳　　경기도 고양시 일산동구 호수로(백석동) 358-25 동문타워 2차 519호
대표 전화　　0505-627-9784
팩스　　　　031-902-5236
홈페이지　　www.moabooks.com
이메일　　　moabooks@hanmail.net
ISBN　　　　979-11-5849-160-4 13350